탈북박사부부가 새롭게 쓴

논문작성법

김병욱 · 김영희 공저

북스힐

"이 책을 입국 시 초심을 잃지 않고
정진하는 동향들에게 바친다."

머리말

필자들은 국내에 입국하여 석사학위에 이어 박사학위를 6년 반이 되어서야 취득할 수 있었다. 이 과정에 어려웠던 것은 논문작성법이었다. 재북 시 논문작성에 대해 체계적으로 배울 수 있는 기회가 적은 데도 있었지만, 입국하여서는 마땅한 서적을 찾을 수 없는 것이 이유라 하겠다.

논문작성과 관련된 서적들이 적지 않게 출판되었으며 이 중에 훌륭한 교재들도 많다. 그러나 대부분 서적들은 각론적인 서술에 관심을 두고 있다. 논문작성에는 각론적 및 총론적 인식이 필요하다. 각론적인 인식이 논문을 제대로 쓰는 데 도움을 주고 총론적인 인식은 논문을 빨리 쓰도록 길잡이를 한다. 각론적 인식이 논리력을 갖는 데 관심을 둔다면 총론적 인식은 여기에 기획력을 겸비할 수 있게 한다. 동병상련이라고, 필자들과 같이 40대의 늦깎이에 공부를 시작한 대학원생들이 절실히 필요로 하는 것은 빠른 기간 제대로 된 논문작성서이다. 여기서 작성기간이 빠르다는 것, 제대로 되었다는 것은 개인의 기준에 따른 평가일 것이다.

학위취득을 원하는 것이 전문연구자의 길을 지향해서가 아니다. 학문적 목표달성에 대한 욕구를 충족하거나 그 과정을 통해 특정부분을 더 배우고 싶어서가 아닐까. 그러기 위해서는 논문작성을 일정수준에서 빠른 기간 내에 마스터 하게 하는 책도 있어야 하지 않겠는가? 이 책은 이러한 고민과 다년간의 논의 끝에 탄생하였다.

이 책은 빠른 기간 내에 제대로 된 논문을 작성하고자 하는 독자들의 궁금증을 덜어줄 수 있는 주제들로 구성하였는데 4개의 부로 되어 있다. 1부에서는 논문작성의 의미와 논문작성의 2대요소를 비롯해 빠른 기간 제대로 된 논문작성에 대한 통합적 이해를 주고자 했다. 2부에서는 논문작성에 대한 각론적인 이해를 통해 논문을 제대로 쓸 수 있는 요령을 갖도록 하고자 했다. 주제선정과 목차구성, 자료수집과 집필, 참고문헌 작성방법에 대해 소개하였다. 또한 문제해결을 위한 분석을 어떻게 하며 이에 따라 정책방안을 어떻게 도출해 낼 것인가에 대해 서술하고 있다. 논문작성과 관련된 서적들에서 아직 다루지 않는 부분이어서 정책개발에 관심을 갖는 독자들에게 도움이 될 것으로 보인다. 3부에서는 논문작성에 대한 총론적 이해를 통해 빠른 기간에 논문을 끝낼 수 있는 전체 상을 그려내도록 했다. 역순으로 목차를 세우는 방법, 도해를 통해 문제의식을 명백히 하는 방법, 분석틀을 만드는 방법 등을 밝히고 있다. 논문초보자들이 이 부분에 특별히 관심 둘 것을 권한다. 마지막 4부에서는 필자들이 지난 기간에 터득한 노하우를 소개하고 있다. 주제 찾기 및 목차세우기

요령, 수준 있는 논문을 작성하는 데서 제기되는 문제와 논문평가를 통한 특색 있는 논문작성법, 학위논문을 준비하는 과정에 지도교수와 관계에서 지켜야 할 바를 밝히고 있다.

빠른 기간 일정 수준의 논문작성을 마스터할 수 있게 책을 구성하는 데 근간에 나온 교재와 참고서들이 많은 도움을 주었다. 필자들의 학위논문작성과 석·박사 과정생들의 논문작성을 지도해온 경험, 대학원의 논문작성 강좌를 운영하면서 학생들 가운데 쟁점으로 되었던 신선한 주제들로 이 책을 구성할 수 있게 했다. 이 책이 회사업무와 학업수행의 어려운 환경에서도 학위논문이나 학술논문작성에 열중하는 샐러리맨들과 입국 시의 초심을 잊지 않고 정진해가는 동향인들에게 도움이 되었으면 하는 바람이다.

끝으로 어려운 출판환경 속에서 본서의 출판에 재정적 지원을 아끼지 않으신 도서출판 북스힐의 조승식 대표이사님께 감사의 인사를 드린다.

2015년 4월

새내기 주명이의 앞날을 기대하며

목 차

PART I

빠른 기간 제대로 된 논문작성의 이해

우리는 이제껏, 제대로 된 논문작성에만 눈을 돌려왔다. 오늘의 초고속 시대에 경쟁력을 가지려면 시간에도 관심을 두어야 한다. 빠른 기간 제대로 된 논문작성이란 무엇이며 가능한가? 읽어보면 이에 대한 해답을 찾게 될 것이다.

| CHAPTER 01 |

논문에 대한 이해

논문작성이란 표현, 왜 적확한가?

혹자들은 논문심사과정에 심사자들로부터 논문에는 밝히지 말고 저서를 쓸 때에 해당 자료를 넣어 출판하라는 말을 듣게 된다. 논리적으로 잘 구성된 저서라 해도 왜 논문이라고 하지 않는가?

논문작성을 이해하려면 언론매체에 실리는 기사쓰기와 비교하면 좋을 것이다. 신문이나 잡지의 기사는 독자일반을 대상으로 하고 있다. 독자의 수준을 중학교 2학년 정도로 간주하고 기사를 써야 한다는 것도 이러한 이유 때문이다. 이에 반해 논문은 특정 분야에 대한 지적능력을 가진 독자를 대상으로 하고 있다. 기자나 집필자는 독자들의 관심을 유도하기 위해 미사여구나 원색적인 표현 등 자율적인 서술이 가능하다. 논문작성에서는 이러한 행태가 금물이며 각주나 참고문헌 표기 등 학문적 형식에 따라야 한다.

논문은 문서와 같이 논문작성의 규칙에 따른다. 이에 반해 저서나 기사는 서술 면에서 자율적이다. 때문에 논문쓰기보다 논문작성이라는 표현이 더 적확하다고 볼 수 있다. 이러한 것을 종합해 볼 때, 논문이란 특정주제에 대한 논문작성자의 주장을 학문적 형식에 따라 논증한 글이라 할 수 있다.

표 1.1 논문과 저서의 차이

구분	논문	저서
목표	주장에 대한 논증	주제를 통한 상상력
과정	논문서술체계에 따른 서술	자율적인 서술
서술	논리력 중심	설득력 중심
결과	주장에 따른 공통된 인식	각자의 상상력 도출

논문을 완성해 나가는 과정은 어렵지만, 뼈를 깎는 노력을 들인 것에 상응한 결과가 나온다. 한해 농사에서 얻어진 결과물은 농사꾼의 즐거움 속에 인간의 물질적 욕구를 충족시키는 것과 함께 사라지지만, 논문작성자의 기쁨은 정신적 욕구를 충족시키는 학위칭호와 더불어 전해지게 된다. 박사학위자가 해당 가문의 가보에 오른다는 일부의 얘기도 그래서 나왔다고 본다.

논문으로 인정받으려면?

학위논문을 작성하고 있는 사람이라면, 자신의 논문이 학술지나 기타 서적을 통해 많이 인용될 것을 기대한다. 훗날 논문에

서술된 특정부분을 읽고 나서 '내가 그때 어떻게 이런 생각을 했을까?' 하는 스스로의 기쁨을 느껴 보길 기대해본다.

경험자의 시각에서 보면 초보자의 이런 생각이 허망한 것일 수도 있다. 이제 겨우 운전면허증을 받은 셈인데 이것만으로 최고의 운전실력이 나올 수 없는 것과 같은 이치다. 그러나 논문으로 인정받기 위한 조건이 최상의 수준에서 보장된다면 초보자의 기대가 현실이 될 수도 있다. 이는 논문이 심사자들로부터 ① 독창성, ② 논리성, ③ 평이성을 가졌다는 평가를 받을 때 가능하다.

논문작성에서는 무엇보다 독창성이 엿보여야 한다. 독창적인 것이라 하면, 새로운 연구 방법이나 결과만을 의미하는 것이 아니다. 기존의 논의에 대한 새로운 해석도 될 수 있다. 한 가지 실례를 들어보자. 남한주민에 비해 북한주민의 신체가 왜 작은가 하고 질문하면, 누구나 식품부족 때문이라고 대답한다. 맞는 답변일까?

북한의 공식적인 통계에 의하더라도 1990년대부터 한해 평균 90만 톤 이상의 알곡을 수입해야 한다. 그러나 북한주민의 신체왜소를 식품이라는 물질적 영역에서만 국한된 것으로 충분한 답변이라 할 수 없다.

왜 그런가? 국가의 인구수에 비해 식품이 부족한 나라는 많으며 사회주의 나라 대부분이 먹거리 부족에 처해 있었다. 이런 나라들의 일상 풍경은 식품을 사기 위해 매점에 줄지어선 사람들의 행렬이다. 그런데 북한에서와 같이 주민전반이 신체왜소를 겪고 있느냐? 그렇다고 대답하기 어렵다. 북한사회에서 신체왜소가 발생한 원인을 설명하려면 식품부족의 환경에 적응시키기 위한 북한당국의 장기간의 정책, 북한식 식생활양식에 대한 강요를 통해 식품부족의 환경에 적응시키기 위한 정신적 영역을 함께 설명해주어야 한다. 이러한 연구결과는 독창적인 연구방법에 의해 발견된 것이 아니다. 누구나 접하고 있던 사실, 기존의 논의에 대한 해석의 차이에서 나온 것이다.

한편 논문이 논리성을 갖췄다는 것은 전체적인 구조와 개별적 내용에서 논리적 체계가 보장되었다는 것을, 평이성을 가졌다는 것은 논문이 이해되기 쉽게 씌어졌다는 것을 의미한다. 이러한 점에서 좋은 논문은 독창성의 기반하에 논의성과 평이성이 돋보이는 것이라 할 수 있다.

언젠가 심사자들이 어떤 대학원생이 쓴 논문에 대해 소설을 썼다고 평가했다는 소릴 들은 적이 있다. 이는 논증에서 논문작성자의 주관이 강하게 표출된 데 따른 지적이다. 또한 심사자들이 정책보고서를 썼다고 지적하는 것을 목격한 경우도 있다. 이는 해당 주제를 논증보다는 나열하고 분석하는 데 그쳤다는 의미다. 다른 말로 해석이 없다는 뜻이다. 분석이란 말 그대로 나누어 고찰한다는 것이다. 이와 달리 해석은 분석하는 데 그치는 것이 아니라 이를 통해 중요한 의미를 발견하고 뭔가를 제시하는 것이다. 분석이 연구의 기본 수단이라면 해석은 통찰에 필수적인 것이다. 해석을 통해 충분한 논의가 이루어지기 위해서는 논리성이 보장되어야 한다.

논문작성에서 평이성이 보장되기 위해서는 이해하기 쉬우면서도 조리 있게 써야 한다. 이를 위해서는 비교법, 묘사법 등을 사용하며 명확한 표현과 용어를 사용해야 한다.

표 1.2 논문의 필요충분조건

구분		의미	대책
독창성		새로운 연구방법론이나 해석	발상전환의 자세
논리성	연구 목적과 방법	서술 전반에서 일치성 보장	목적의 명확성, 방법의 적합성 보장
	논지 전개의 명료성	논문의 구성체계에 따른 서술, 결론의 명확성 보장	논의의 일관성 보장, 중복과 누락 제거
	문헌 및 자료의 충실도	객관적 자료, 최근의 자료	인용원칙 보장
평이성		이해하기 쉬우면서도 조리있게 서술	쉬운 표현, 문장의 간결성, 구체성 보장

서술영역에 따른 논문의 구분

논문작성을 위한 자료작업을 하다보면 수많은 논문을 접하게 된다. 이 모든 논문을 구분할 수 있는 기준이 없을까?

논문은 본론의 서술상 측면에서 구분할 수 있다. 논문의 본론은 ① 기술하는 부문, ② 설명하는 부문, ③ 예측하는 부문의 세 가지로 이루어져 있다(정병기, 2008:17). 기술하는 부문이 논문에서 밝히고자 하는 사실을 있는 그대로 서술하는 데 관심을 둔다면, 설명하는 부문은 분석과 해석을 통해 어떤 현상간의 인과관계를 드러내거나 증명하는 데 초점을 두고 있다. 예측하는 부문에서는 밝혀진 자료에 근거해 앞으로 드러날 현상에 대한 시사점이나 정책방안이 제시된다.

모든 논문은 위에서 설명한 세 가지 영역에서 본론이 차지하는 비중에 따라 분석 위주형 논문과 정책방안 위주형 논문으로 구분할 수 있다. 전자는 과제수행에 필요한 원인이나 이유를, 후자는 해결책을 찾는 데 활용된다. 의학부문의 용어를 빌린다면 전자는 진단, 후자는 처방이라 할 수 있다.

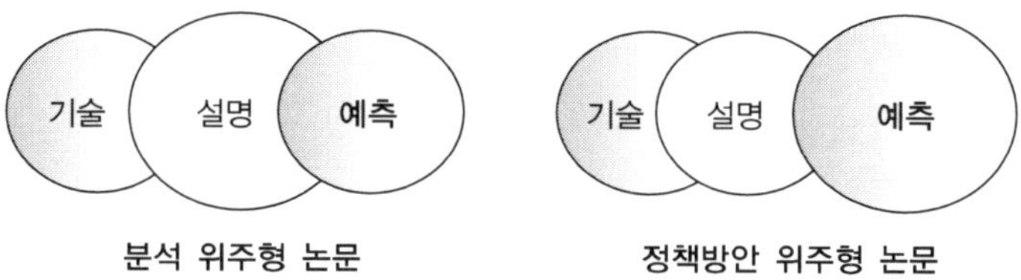

그림 1.1 논문의 유형

그러면 분석 위주형 논문과 정책방안 위주형 논문은 구체적으로 어떻게 다른가?

첫째, 연구문제에서 차이 난다. 분석 위주형 논문은 '무엇인가' 라는 질문에 답한다면, 정책방안 위주형 논문은 '어떻게 해야 하는가' 라는 질문에 관심을 두고 있다. 이에 따라 분석 위주형 논문에서는 사회현상의 인과관계, 역사적 관계, 비교 등에 따른 풍부한 해석에, 정책방안 위주 논문은 해석한 자료에 근거해 마땅한 대안을 제시하는 것에 관심을 두고 있다.

둘째, 문제발생에 대한 예측에서 차이 난다. 분석 위주형 논문은 예측에 필요한 자료를 제시하는 것이 목적이다. 이는 특정 실태에 대한 원인 혹은 이유 규명, 운영 혹은 관계 구조의 제시 등의 형태로 나타난다. 정책방안 위주 논문은 자료에 기초해 대안을 제시하는 것에 관심을 두고 있다. 정책방안 위주형 논문은 발생한 사회현상에 대한 치유대책에 주안점을 두고 있어 인과관계에 대한 논의가 큰 비중을 차지하지 않는다. 따라서 현재의 상황에 대한 분석에 그치고 새로운 변수나 처방이 가져올 부분에 관심을 둔다. 이 경우 예측은 두 가지 양상을 띠게 되는데 현재의 상황을 그대로 두면 향후 어떤 변화가 예고된다든지, 인위적인 정책제시를 통하면 어떠한 변화가 일어난다는 식으로 서술하고 있다.

표 1.3 분석 위주형 논문과 정책방안 위주형 논문

구분	분석 위주형 논문	정책방안 위주형 논문
초점	이 문제를 어떻게 이해?	이 상황을 바꾸려면?
관심	발생한 사회현상의 인과관계, 역사적 관계	발생할 수 있는 상황 예고 및 치유대책
문제의 성격	개념적 문제	실용적 문제
주되는 용도	학위논문	정책보고서
임상사회학과 관계	처방위주	치료위주

셋째, 정책대안 즉 해결책에 대해 제시하는 것에서도 차이 난다. 분석 위주형 논문은 해결책을 도출하는 데 필요한 시사점이나 해결책 일반에 대해 제시하는 것에 그친다면, 정책방안 위주형 논문은 여러 해결책을 제시하고 평가기준을 정한 다음, 이 가운데서 실효성이 높은 해결책을 제시하며 이를 실행하기 위한 계획과 함께 실행과정에 대한 평가, 나아가 제기된 문제점을 해소하기 위한 대책까지 제시한다.

이러한 차이를 갖게 되는 것은 분석 위주형 논문인 경우, 개념적 문제(이 문제를 어떻게 이해해야 하나?)에, 정책방안 위주형 논문인 경우, 실용적 문제(현 상황을 바꾸려면 무엇을 알아야 하나?)에 관심을 갖기 때문이다.

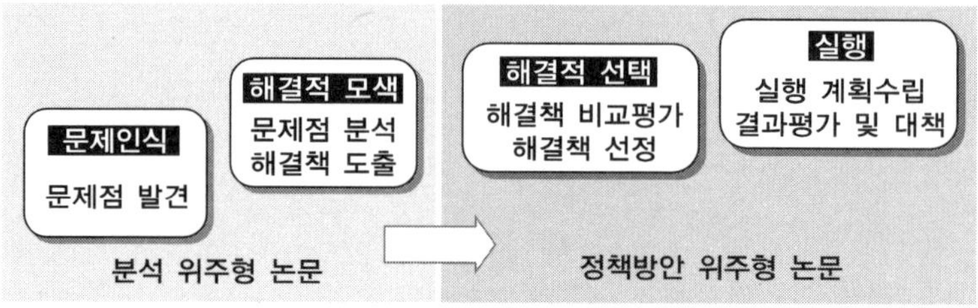

그림 1.2 정책대안 제시 비교

주제의 지향에 따른 논문의 구분

논문은 주제가 무엇을 지향하는가에 따라 개념주제 논문, 이슈주제 논문, 정책방안주제 논문으로 나눌 수 있다. 위에서 제시한 서술영역에 따른 논문의 구분과 비교하면 분석 위주형 논문에는 개념주제 논문과 이슈주제 논문이, 정책방안 위주형 논문에는 정책방안주제 논문이 속한다고 볼 수 있다.

개념주제 논문과 이슈주제 논문, 정책방안주제 논문은 연구결과의 추상성과 정책활용의 적절성에서 차이난다. 개념주제 논문은 추상성이 높은 대신, 정책활용의 적절성이 매우 낮다. 정책방안 주제논문은 그 반대이다.

일반적으로 추상성이 높은 논문에는 이론연구와 관련된 주제의 논문이 많다. 학위논문이나 해당 전문학술지 평가에서는 논문의 추상성이 높은 것이 평가를 잘 받는 경우가 많다. 그러나 정책연구와 같은 정부 부처가 요구하는 논문은 정책결정의 적절성이 가장 중요한 평가기준으로 된다.

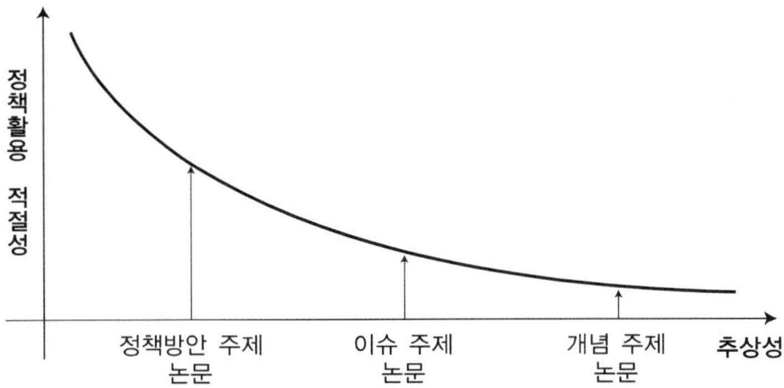

그림 1.3 주제의 지향에 따른 논문의 특성

이론의 검증과 생성에 따른 논문의 구분

논문은 이론을 검증하기 위한 논문과 이론을 생성하는 논문으로도 구분한다. 이론을 검증하는 연구는 이론으로부터 도출된 명제, 다시 말해 가설을 검증하기 위해 실행한다. 대부분의 연구가 이러한 형식인데 특정이론으로부터 연역적으로 가설을 도출하고 그 가설을 검증하는 방식으로 연구를 진행한다. 이론을 검증하기 위한 연구를 통해 기존이론이 수정되었거나 또 다른 이론이 생성되기도 한다.

이론을 생성하는 연구는 관찰이나 조사를 통해 이를 설명할 수 있는 이론을 만들어낸다. 그러므로 인터뷰나 설문조사를 통해 자료를 수집하고 그 유형이나 과정을 도출하는 방식으로 이론을 생성한다. 이론을 생성하는 연구의 대표적인 사례가 근거이론이다.

표 1.4 이론생성 논문과 이론검증논문

구분	이론생성	이론검증
관심	기존이론의 한계	기존이론의 활용
시작	기존이론과의 대립	기존이론 전적인 수용
사례	근거이론 등	대부분의 연구

| CHAPTER 02 |

빠른 기간 제대로 된 논문작성의 의미

빠른 기간 제대로 된 논문이란?

만약 당신에게 이런 질문을 제기하면 어느 쪽을 선택할 것인가? 하나는 남들과 유사한 시간을 소비하면서 무난히 통과될 수 있게 완성하는 것이고 다른 하나는 짧은 시간을 들이면서도 제대로 된 논문을 완성하는 것이다. 대부분 후자를 선택할 것이다. 일종의 욕심이라 할 수 있는데 현실은 그렇지 않다. 주제 찾기나 자료수집에 많은 시간을 소비하게 되면, 막상 논문을 작성해야 할 시간은 부족하다. 이러한 시점에 이르게 되면 자신도 용납하기 어려운 미완성 논문이어서 다음 학기로 넘기게 되는 경우가 적지 않다. 선행자들의 이러한 전철을 밟지 않으려면 빠른 기간에 제대로 된 논문을 작성하기 위한 노력이 필요하다.

논문이 빠른 기간에 작성되었다는 것은 논문완성의 전반적 과정에 대한 인식이 있었다는 것을 의미한다. 논문의 진전단계에 따라 선택과 집중, 휴식과 긴장을 적절히 조화시켜 나갔기 때문이라고 할 수 있다. 이를 위해서는 논문의 전 과정에 대한 나름의 진지한 일정수립이 필요하다. 또한 논문이 제대로 씌어졌다는 것은 논문작성의 규칙이 준수되었다는 것과 논문으로서의 논리적 요구가 보장되었다는 것을 의미한다. 이는 논문의 전반적인 서술에서 주장과 논거, 근거의 3대 요소가 맞물려 논의의 신뢰성과 타당성이 보장되었다는 것이다. 주장이 추론, 가설 등에 의거한다면, 논거는 원리나 법칙에 근거한 통계나 사례에 기반을 둔다. 논증의 대상이 무엇인가를 주장을 통해 보여준다면 근거는 주장의 신뢰성을 통해 구체화한다. 논거는 주장과 근거 사이를 이어주는 역할을 수행하는데 논거가 있어 근거의 보편적인 신뢰성을 보장한다.

논문을 제대로 쓰기 위해서는 주장과 논거, 근거의 표현방식과 특징에 대한 이해가 필요하다.

표 2.1 주장, 논거, 근거의 의미

구분	의미	표현방식
주장	결론, 추론, 가설 등	그러므로 ~ 이다.
논거(이유)	원리 혹은 원칙, 법칙 등	일반적으로 ~ 경향이 있다 ~ 때문에
근거(자료)	통계나 사례 등	~ 이라는 사실이 있다 ~ 에 기초한

논문의 완성도를 높이는 데에 논문작성에 들어가는 시간이 양적 측면이라면 제대로 쓰기는 질적 측면이라 할 수 있다. 논문작성에서 양과 질의 요구를 보장하기 위해서는 2대 요소에 대한 이해가 필요하다.

논문작성 2대 요소는 무엇인가?

논문을 쓰려는 사람이 초기에 발견한 것이라면 특정 사실이나 아이디어일 것이다. 구슬도 꿰어야 보배라고 이를 논문화하지 않으면 개인적 생각에 지나지 않는다. 이와 관련해 논문초보자들일수록 공통적으로 직면하는 두 가지 문제가 있다. 하나는 학위논문이 요구하는 서론, 본론, 결론을 어떻게 쓸 것인가 하는 것이고 다른 하나는 초기 주제설정으로부터 시작해 논문발표에 이르는 전 과정을 어떻게 전개해 나갈 것인가 하는 것이다. 전자가 논문작성의 각론적 측면에 대한 논의라면 후자는 총론적 측면에 대한 것이라 할 수 있다. 논문작성에 대한 각론적 인식이 제대로 된 논문을 작성하는 데 필요한 것이라면 총론적 인식은 제대로 된 논문을 빨리 쓰게 하기 위한 전제라 할 수 있다. 각론적 인식은 논문의 질적 수준을 보장하고 총론적 인식은 논문을 진전시키는 역할을 한다. 각론적 인식이 논문이 논리력을 가지도록 하며 총론적 인식은 거기에 기획력을 더하는 것이라 볼 수 있다.

우리가 일반적으로 알고 있는, 논문작성과 관련된 책들에서 많이 소개되는 서론, 본론, 결론에 따른 논문작성을 통해서는 논문작성의 속도나 전개의 방향성을 논의하기 어렵다. 결국 논문작성을 위해서는 총론적 인식과 각론적 인식이라는 두 가지 측면의 이해가 필요하다는 것을 알 수 있다. 이러한 점에서 논문에 대한 총론적 이해와 각론적 이해는 논문작성의 2대 요소라 하겠다.

논문작성에 대한 각론적 인식이 제대로 된 논문을 작성하는 데 필요한 것이라면 총론적 인식은 제대로 된 논문을 쓰기 위한 필요조건이다. 각론적 인식이 논문의 질적수준을 보장할 수 있게 한다면, 총론적 인식은 명확한 연구목적에 근거해 논문을 진전시키는 역할을 한다.

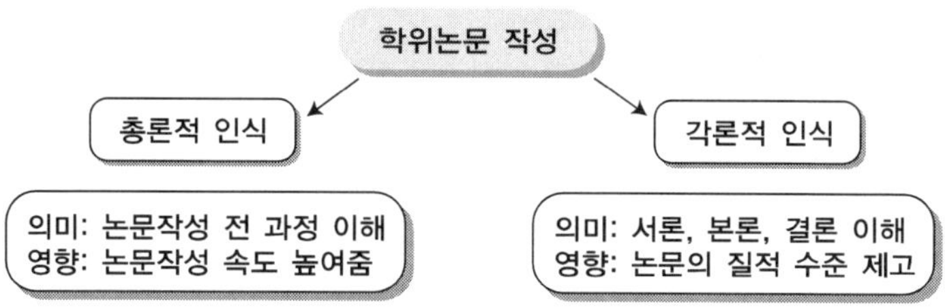

그림 2.1 논문작성의 2대 요소

논문초보자에서 벗어나기 위한 노력은 각론적 인식 일면에서 벗어나 총론적 인식을 겸비한 결과로 나타난다. 논문을 작성해 나감에 있어 총론적 인식이 제대로 섰는가를 확인하고 본격적으로 시작하는 습관을 갖도록 하자.

PART II

논문을 제대로 작성하려면

각론적으로 본 논문작성 과정

학위논문은 통과되면 더는 수정할 수 없으며 일생 그대로 남게 된다. 그대는 후배들에게 만족스럽게 내놓을 수 있는 제대된 논문을 쓰고 싶지 않은가? 그 대답을 여기서 찾으라.

| CHAPTER 03 |

주제 및 목차 선정

주제 찾기의 첫 걸음

논문작성에서 제일 먼저 제기되는 것은 주제 찾기이다. 혹자들은 마땅한 주제가 없다고 한다. 필자의 생각에는 주제가 없다기보다 찾는 방법을 제대로 모르기 때문에 이런 말이 나온다고 본다. 주제 찾기는 고민 끝에, 일부 경우 우연히 찾을 수 있는데 선행연구에 대한 분석이나 전문분야에 대한 연구과정과 떼어놓을 수 없다. 선행연구를 살펴보는 과정에 연구범위에서 제외되었거나 논의과정에 제기된 부분, 후속 연구제언 등에서 아이디어를 얻을 수 있다. 또한 이미 통념으로 간주된 것을 그간에 밝혀진 자료나 시대적 상황의 변화에 맞게 재해석하는 과정에 발견할 수도 있다.

주제 찾기는 주제선정과 주제확정의 두 단계를 통해 이루어진다. 주제선정은 주제 찾기의 첫 공정이자 주제확정에 들어가기 위한 준비단계라 할 수 있다. 연구심을 자극하는 좋은 주제가 많아야 이를 확정하는 사업도 효율적으로 이루어질 수 있다.

따라서 주제선정에 있어서 무엇보다 중요한 것은 마음을 비우는 것이다. 여기서 마음을 비운다는 것은 두 가지 의미를 갖고 있다.

첫째, 폭넓은 시점에서 주제를 선정하는 것이다.

필자의 경우 '북한이탈주민에 의한 북한이탈주민 전문상담 강화방안'과 관련된 연구주제를 상담과 전혀 다른 분야의 책을 읽다가 선정하였다. 고객마케팅 전략에서 소비자 모집을 위한 인바운드(In-bound) 및 아웃 바운드(Out-bound) 상담전략에 관한 책이었다. 이를 북한출신들의 상담에 적용할 수 있는 '아웃 바운드 상담'과 '인 바운드 상담'이라는 개념을 만들어낼 수 있었다. 이를 연구주제로 확정할 수 있었고 정책대안을 제시할 수 있었다(김병욱, 김영희, 2011: 34~71).

> 상담지원은 형식에서 두 가지로 구분할 수 있다. 즉 내담자로부터 들어오는 각종 문의를 수신하여 처리하는 방식의 수동적인 인 바운드(In-bound) 상담지원과 내담자에게 전화를 걸거나 이메일을 보내는 방식 등으로 처리하는 능동적인 아웃 바운드(Out-bound) 상담지원이다. 인 바운드 상담이 수요자를 기다리는 상담이라면 아웃 바운드 상담은 수요자를 찾아가는 상담이라 할 수 있다. 인 바운드 상담이 말로 하는 상담, 머리로 하는 상담이라면 아웃 바운드 상담은 행동으로 하는 상담, 가슴으로 하는 상담이라 할 수 있다.

둘째, 기존 주장에서 벗어나는 것이다.

아무리 연구 초보자라도 해당 분야 권위자들이 결론 내렸고 연구자들 가운데 통용화된 결과조차 또 다른 시각에서 고찰해

보는 것이 바람직하다. 예컨대 필자가 통일연구원에 게재한 논문에서 선행연구에서 주장하는 북한군 의식이 변화되었다는 것이 착시현상이라고 주장한 것을 들 수 있다(김병욱: 2013, 25~50).

> 이 부문 연구에서 주장하는 북한군 의식변화라 하면, 과거에 비해 의식수준이 낮아진 것을 계급의식이 변화된 것으로 보는 일종의 착시현상이라 할 수 있다.
> 북한의 경제나 사회계층구조의 변화에 따라 주민들의 의식이 변화된 것만큼 군인들의 의식도 변화되었을 것이라는 판단이 아닌, 사실이라는 가정하에 연구에 임하고 있다. 한마디로 냉소 혹은 위력 일면의 북한군 연구가 가져온 결과라 할 수 있다.
> 오늘날 북한군은 인민의 군대로서의 본연의 자세에서 멀어졌다고 볼 수 있어도 수령의 군대로써의 본성은 변화되었다고 볼 수 없다.

선행연구의 방식대로 의식변화와 수준변화의 차이, 의식변화의 핵심을 감안하지 않고는 기존주장의 한계에서 벗어날 수 없다. 기존주장에서 벗어나려면 관행에 따른 예단과 편견을 버리는 것이 무엇보다 중요하다.

어떠한 유형의 논문주제를 찾으려 하나?

연구주제는 선행연구의 진척정도에 따라 ① 선행연구가 많은 주제(모방형 주제), ② 드물게 나온 주제(미로형 주제), ③ 정리가 되어 있지 않는 초미의 주제(창조형 주제)로 구분이 가능하다.

모방형 주제는 미로 및 창조형 주제에 비해 연구의 접근성과 수행성의 측면에서 훨씬 양호하다. 그것은 연구방법이나 적합한 이론 등이 알려져 있기 때문이다. 다만, 여러 연구자들의 생각보다 차별적인 것을 제시해야 하는 어려움이 있다. 선행연구가 있으나 시기상 오래되었거나 관심부족으로 크게 진척되지 않은 주제가 있을 수 있다. 이 경우 시대적 상황에 맞게 또는 독자들의 관심을 끌 수 있게 내용을 전개해야 한다. 미로형 주제는 선행연구가 더러 있으나 막상 적용할 수 있는 연구방법이나 이론 등이 부족한 상태라 할 수 있다. 창조형 주제는 연구주제 자체가 새로운 것이어서 연구방법이나 이론 등을 새롭게 개발해야 한다. 그러나 주제 자체만으로도 학술적 가치가 충분히 있으므로 논리와 체계만 갖춰주어도 시론으로 인정받을 수 있다.

표 3.1 선행연구와의 연관성에 따른 장단점

구분	장점	단점
모방형 주제	이론이나 연구방법 등 연구에 필요한 길잡이가 있어 연구수행에 용이	기존 연구를 뛰어넘을 수 있는 문제점 발견 어려움
미로형 주제	이론이나 연구방법 등이 부족하나 연구에 필요한 길잡이가 어느 정도 있어 연구수행에 양호	기존 연구검토와 새로운 방법 모색이 동반
창조형 주제	이론이나 연구방법 등이 없어 연구수행에 어려움이 많으나 주제만으로도 학술적 가치를 인정	길라잡이가 없으므로 연구능력이 부족하면 실패

주제 확정에서 나서는 요구

논문의 주제를 확정하기 위한 기준으로 두 가지가 있다. 하나는 본인이 설정한 기간 내에 완성할 수 있는가 하는 것이고 다른 하나는 논문이 통과된 이후에 쉽게 활용이 가능한가 하는 것이다. 전자가 주제선정에 필요한 일반적 요구라면, 후자는 실리적 요구라 할 수 있다.

논문작성자가 논문발표 이후에 특정분야 전문가 혹은 교수로 활동할 것을 원한다면 이러한 진로개척에 도움을 줄 수 있는 주제를 선정하는 것이 좋다.

내가 선택한 주제가 실리적 요구에 맞는가? 하는 것은 아래의 표를 통해 검토해 볼 수 있다. A 영역주제는 선행연구도 많고 전망성도 있는 연구로 전공분야 대부분의 사람들이 선정하는 주제이다. 이 경우 경쟁이 치열하나 현재로서는 수익성이 있다고 볼 수 있다. B 영역연구는 선행연구는 적은데 전망성이 밝은 연구로 해당 분야 연구자들 사이에 화제로 오를 수 있는 연구이다. 이러한 연구주제를 실행하려면 많은 비용이 들고 현재로서는 수익성이 적은 것을 각오해야 한다. C 영역연구는 선행연구가 많은 대신 전망성이 없는 연구이다. D 영역연구는 선행연구가 적은 반면, 전망성도 크게 없는 연구로 기울인 노력이 빛을 보기 어려운 연구이다.

예컨대 북한의 국가운영구조나 노동당의 기구운영체계 등은 C 영역에 속한 것이라면 남북통합 시 두 지역 주민간의 갈등이나 경제적 격차해소 문제 등은 B 영역연구라 할 수 있다. 분야별

로보면 북한정치분야 연구가 C 영역연구라면 경제부문연구는 A 영역연구라 할 수 있다. 다만 이러한 연구주제에 대한 평가가 당시의 환경, 인식의 한계 내에서 이루어진 것임을 명심해야 한다.

표 3.2 내 주제의 주소는?

구분		선행연구	
		많은 것	적은 것
연구주제 전망성	밝은 것	A	B
	어두운 것	C	D

논문작성에서 주제 확정에 필요한 일반적 요구는 다음과 같다.

첫째, 정확한 자료입수가 가능한 것을 들 수 있다. 논문에 대한 신뢰성은 2차 자료보다 1차 자료가 얼마나 들어갔는가를 기준으로 평가한다고 해도 과언이 아니다. 북한자료의 경우 분야에 따라, 예컨대 북한의 핵보유 실태와 같이 현재로서는 정확한 입수가 전혀 불가능한 경우도 있어 이를 고려해야 한다.

둘째, 경제적 능력을 타산해야 한다. 논문작성에서 내러티브나 근거이론 등 질적 연구방법을 통해 수행할 수 있는 연구주제를 선정하는 경우가 적지 않다. 이러한 연구방법에 의거하면 문헌연구보다 한결 쉽다고 볼 수 있다. 그러나 설문조사나 인터뷰를 진행하려면 이에 따른 비용지불을 감안해야 한다.

셋째, 연구주제의 시기성이나 공공정책성을 고려해 보아야 한다. 오래된 사안의 연구주제는 정책결정의 적절성에 문제가 있고 최근의 문제를 다룬 연구주제는 자료수집이 어렵다. 연구주제가

공공정책 차원의 내용인데 특정대상임을 감안하지 않은 부분조사에 의거해서는 편견에 치우친 결론이 나올 가능성이 크다.

넷째, 지리적 및 시간적인 가능성을 타산해야 한다. 이스라엘의 민방위제도나 미국의 난민제도에 대한 연구를 위해서는 때로는 현지방문도 필요하다. 이러한 문제를 타산하여 주제를 선정하여야 한다.

다섯째, 해당 자료 찾기에서 언어구사가 가능한 것이어야 한다. 구소련과 북한 사이의 문제를 연구하려면 러시아어를 구사할 줄 알아야 하고 독일 통일과 관련된 새로운 주제를 연구하려면 독일어에 대한 구사능력이 필요하다.

논문의 제목, 어떻게 정할 것인가?

사람의 인품이나 성격은 얼굴 하나만 갖고도 어느 정도 짐작할 수 있다. 이와 유사한 것이 논문의 제목이다. 독자들은 논문제목을 보고 읽을 것인가를 결정하는 경우가 많다. 아무리 좋은 제품이라도 포장이 잘 되어 있지 않으면 고객의 관심밖에 놓일 가능성이 큰 것도 같은 이치이다. 따라서 논문제목을 잘 정해야 한다.

논문제목을 잘 정하기 위해서는 어떻게 해야 하는가?

첫째, 연구결과가 드러나게 정해야 한다.

연구를 통해 얻으려는 결과가 명백해야 독자들이 처음부터 호기심을 갖고 접근할 수 있다. 1990년대 이후 북한에서는 주택매매가 성행하고 있다. 이와 관련된 주제를 제목으로 정한다고 하

자. 이 경우 <북한 주택시장 연구> 라고 정하면, 누구를 대상으로 어떤 결과를 얻고자 하는 연구인지 눈에 들어오질 않는다. <북한 주택시장의 형성과 발전에 관한 연구> 라고 하면 그나마 괜찮다. 여기에 부제목으로 "돈주에 의한 주택건설과 매매를 중심으로"라고 밝히면 누구를 대상으로 무엇을 연구하려는가를 제목만 봐도 알 수 있다

이러한 점에서 만족스런 논문제목이라고 하면 모집단 정보와 관련변인 및 연구의 초점이 지적된 것이라 할 수 있다.

논문제목 = 모집단 정보 + 관련변인 + 연구의 초점
(돈주) (주택시장 형성발전) (주택건설과 매매)

둘째, 독자층의 관심을 이끌어낼 수 있게 제목을 정하는 것도 하나의 방법이다.

논문은 독자들의 관심에 의해서 빛을 볼 수 있다. 제목을 잘 정하는 데서 핵심내용을 명확히 반영하는 것에 못지않게 독자층의 시대적 관심도를 반영하여 흥미를 유도할 수 있게 해야 한다.

예컨대 북한사회의 신체왜소와 관련한 주제를 들 수 있는데 내용의 어떠한 점을 강조하느냐에 따라 제목이 달라질 수 있다. 이 책은 현재 한국어와 일본어, 영어 3개국 언어로 출판되었다. 한국어로 출판된 책의 제목은 ≪푸코의 몸·권력에 따른 북한사회 신체왜소의 정치경제학≫이다. 제목에서 읽을 수 있듯이, 특정이론을 통해 신체왜소를 설명하는 학문적 논의를 강조하였다고 볼 수 있다. 일본어로 출판된 책의 제목은 ≪폭정(폭압의 정

치)하에 인간의 퇴화≫이다. 독자층의 북한인권박해에 대한 우려, 관심을 유도하기 위한 것이라 볼 수 있다.

우리는 앞서 논문제목에 모집단의 정보, 관련변인, 연구의 초점이라는 세 가지 요인이 드러나게 제목을 정해야 한다고 하였다. 이를 위해서는 논문의 핵심을 설명해 줄 수 있는 중심단어를 포함하고 있으면서, 변수간의 관계가 명확히 드러나게 정하는 것이 무엇보다 중요하다. 일부 경우 위의 주택시장 논문제목과 유사하게 연구결과를 추상화하고 부제목으로 부치는 경우가 많다.

논문제목은 간결하게 정해야 하는데 준말을 사용하여서는 안된다. 10개 미만의 단어로 국한시켜야 하며 될 수 있는 한 논문의 부제를 원제에 포함하여 짧게 정하면 한결 세련되어 보인다. 논문의 제목은 처음 가제 형태로 붙였다가 마지막에 정하는 것이 좋다.

연구배경을 어떻게 쓸 것인가?

모든 논문은 작성자가 왜 이 주제에 관심을 두게 되었는가 하는 것을 밝히는 것부터 시작된다. 이를 도입부라 할 수 있는데 소설이나 시 등 다양한 문학작품들에서 에피소드나 권위자의 명언에 대한 인용 등으로 시작하여 독자들의 관심을 끌기 위한 것과 유사하다.

연구배경에서는 대체로 독자의 관심, 선행연구의 한계, 정책적 요구의 세 가지 중 두 가지 혹은 어느 한 가지를 논의하는 식으로 해당 주제의 중요성을 강조하는 경우가 적지 않다.

첫째, 연구주제에 대한 독자들의 관심이다. 독자들이 연구주제에 대해 어떻게 생각할 것인지를 밝히는 방식이다. 예컨대 최근 발생한 문제로 독자들의 관심이 높아지고 있어 이를 연구주제로 잡았다는 식의 설명을 들 수 있다.

둘째, 연구주제에서 본 선행연구의 한계이다. 선행연구가 있다면 어떻게 차별되는가를 밝히는 방식이다. 예컨대 최근 발생한 문제에 대해 선행연구의 주장이 어떠한 한계가 있어 연구를 하게 되었다는 식의 설명이다.

셋째, 연구주제와 정부정책과의 관계이다. 정부가 최근 내놓은 정책을 실현하는 데 있어 이러한 문제가 해결되어야 하기에 논제로 삼았다는 식의 설명이다.

논문작성자는 연구배경에서 위에서 서술한 이러한 이유로부터 연구를 하게 되었고 독자들은 논문을 통해 어떠한 점을 알게 된다는 것을 암시한다. 이를 통해 연구에 대한 공감대를 이끌어 낸다.

그림 3.1 연구배경에서 서술순서

연구목적, 이렇게 서술하는 것이 좋다

모든 논문에서는 연구목표가 아닌 연구목적이라고 부른다. 목적이 궁극적으로 도달하고자 하는 방향이라면, 목표는 이를 이루기 위한 구체적인 활동이다. 목표에는 여러 가지 있지만, 이는 하나의 목적을 위해 존재한다. 논문구성에서 매개의 장은 연구목적을 수행하기 위한 산발적 목표라 할 수 있다. 그러므로 논문의 연구목적 자체가 뚜렷하지 않으면 전개과정이나 결과에서도 일관성을 보장하기 어렵다. 이러한 점에서 목적이 명확하지 못한 논문은 생명력을 잃은 것과 같다고 말할 수 있다.

앞에서 서술한 바와 같이 논문에는 분석 위주형과 정책방안 위주형의 두 가지 유형이 있다. 이와 마찬가지로 논문의 연구목적에도 어떤 현상이나 문제에 대해 '이해할 것을' 혹은 '개선할 것을' 목적으로 하는 두 가지 유형의 연구목적이 있다. 전자의 사례로는 학위논문을, 후자의 사례로는 정책보고서를 들 수 있다.

유형을 불문하고 논문의 연구목적에는 어떠한 연구대상을, 어떠한 연구방법을 통해 밝힘으로서 어떠한 연구결과를 얻겠다는 것을 명확히 서술해야 한다. 이는 아래와 같은 단어로 표현된다.

연구목적	=	연구대상	+	연구방법	+	연구결과
		~ 무엇을		~ 함으로써		~ 얻고자 한다

연구대상에는 주로 연구문제가 포함되며 연구방법에는 연구도구나 수단이, 연구결과에는 시사점이나 정책방안 등이 소개된다.

아래에는 필자들이 수행한 학위논문과 학술지의 연구목적을 소개하고 있다(김영희, 2013과 김병욱 외, 2012).

표 3.3 연구목적 유형사례

구분	사례 1	사례 2
연구대상	본 연구는 신체왜소 극복을 위한 북한의 대응을	본 연구는 탈북학생과 일반학생의 또래친구관계 맺기 및 유지과정을
연구방법	역사적 접근을 통해	근거이론적 접근을 통해
결과	신체왜소 발생 동학을 통해 밝힘으로써	또래친구관계가 지속화되는 원인과 특징을 찾아냄으로써
방도	신체왜소를 극복하기 위한 방안을 제시하고자 한다.	또래친구관계를 활성화하기 위한 방안을 제시하고자 한다.

연구목적은 문제의식을 추상화하여 제기한 다음, 주요 연구문제를 구체적으로 나열하는 식으로 서술하는 경우도 있다(김병욱, 2011: 21).

> (중략) "이상을 종합하면 탈냉전기에 들어서면서 그 동안 알려졌던 전 인민적 방위체계 운영을 지원하는 지역자체 방위체계가 운영되고 있다고 결론을 얻을 수 있다.
> 그렇다면, 탈냉전기에 들어 이러한 방위체계가 왜 등장하게 되었으며 어떤 형식으로 가동되고 있는가? 어떻게 형성 및 강화되어 왔는가? 북한체제에 어떠한 영향을 주고 있으며 전망은 어떠한가? 하는 물음이 제기된다. 이 물음에 대답하고자 하는 것이 본 논문의 연구목적이다"

논문작성자는 논문목적을 서술함에 있어 어떠한 형식을 선정하든 연구대상과 방법, 연구를 통해 얻으려는 결과를 분명히 드러내야 한다.

논문목차를 잘 정하는 것, 왜 중요한가?

사람의 신체는 골격이 있어 나름의 모습을 갖게 된다. 골격이 제 모양을 갖지 못하면 인체 내 장기의 기능이 제 역할을 충분히 하지 못한다. 논문의 목차는 해당 논문의 골격과 같다. 논문은 제대로 된 목차가 있어 논리적 순차에 따른 전반적인 모양새를 갖게 된다. 연구에서 의도한 목적을 밝혀내기 위해서는 구체적인 목표가 있어야 하는데 이것을 드러내는 것이 바로 목차이다. 논문 심사자들은 물론, 논문을 써본 사람들이 특정 논문을 접하면 연구목적에 이어 목차부터 살펴보는 것이 이러한 이유 때문이다.

논문심사를 받아본 사람들은 심사자들이 목차만을 보고도 논문의 어느 부분을 어떤 식으로 수정하라고 지적하는 경우를 목격했을 것이다. 이 경우 논문초보자의 얼굴에는 '왜 논문을 다 읽어보지 않고 그러한 결론을 내리는가'하는 불만이 드러나게 된다. 목차가 갖고 있는 이러한 특성으로 인해 심사자들은 연구목적과 목차만 보아도 연구의 전개과정을 꿰뚫을 수 있는 것이다.

인체구조에 따른 논문목차의 형상적 의미

목차를 제대로 작성하려면 당연히 연구전반을 파악해야 하며 논문구성의 기본원칙에 대해서도 알아야 한다. 이에 앞서 중요한 것은 목차를 구성하고 있는 매개 요소의 기능이다. 논문초보자일수록 이에 특별한 관심을 두어야 한다.

목차는 서론, 본론, 결론으로 이루어져 있는데 이를 사람의 몸 구조에 비교하면 그림과 같다.

그림 3.2 인체구조에 따른 목차의 의미

얼굴이 잘 생긴 사람을 한 번 더 보게 되듯이 서론은 사람의 얼굴을 포함하고 있는 머리와 같은데 독자들의 관심을 이끌어내기 위해 필요한 부분이다. 목은 얼굴을 포함한 몸의 윗부분과 몸통을 포함한 아랫부분을 이어준다. 논문에서 서론의 내용이 본론이나 결론으로 이어질 수 있게 하는 것이 이론적 배경 혹은 고찰이라고 표현되는 부분이다. 흔히 잘 생긴 사람을 두고 "이목구비가 뚜렷하다"고 표현하는 데서 알 수 있듯이 이 부분에 대한 고찰이 중요하다.

연구자의 의도에 따라 이론적 배경은 목차에서 서론부분에 들어가거나 독립적인 한 개의 장으로 구성되기도 한다. 경우에 따라서는 예비적 접근 등의 단계로도 표현되는데 이는 논문에서 반드시 짚고 넘어가야 할 부분이다.

사람에게 있어 머리나 목, 다리나 발의 기능에 필요한 영양소는 심장이나 위 등 각종 장기가 있는 몸통을 통해 공급되는데 논문의 본론이 이러한 역할을 한다. 다리가 없으면 발의 존재를 생각할 수 없고 자율적인 실천활동이 불가능하다. 연구결과도 이에 따른 충분한 논의가 있어야 빛을 볼 수 있다. 이런 점에서 다리는 논의 부분이라 할 수 있다.

한편 사람은 발이 있어 축구나 발레와 같은 예술작품을 형상할 수 있다. 논문에서 연구결과가 모아진 결론부분은 인체에 비유하면 발의 기능과 같다.

논문목차에는 어떤 유형이 있나?

목차는 내용목차, 표목차, 그림목차로 구분한다. 여기서 내용목차는 인과형, 시공간형, 병렬형, 확산형 등으로 이루어져 있다.

표 3.4 목차의 유형

구분	의미
인과형	연역법 및 귀납법으로 구성
시공간형	시간의 흐름, 공간적 질서에 따라 구성
병렬형	인과관계나 시공간에 무관하게 대등하게 구성
확산형	큰 명제에서 작은 명제로 혹은 그 반대로 구성

인과형 목차는 특정 정책이나 제도의 형성과정을 원인에 따른 결과론적 순차에 따라 구성된다. 예컨대 "북한의 민방위무력 중심 지역방위체계 연구"(김병욱, 2011)를 들 수 있다.

제1장 서론
제2장 지역방위체계에 관한 예비적 고찰
제3장 민방위무력 중심 지역방위체계 형성 및 강화
제4장 민방위무력 중심 지역방위체계 운영구조
제5장 민방위무력 중심 지역방위체계 평가 및 전망
제6장 결론

시간공간형 목차는 특정 정책이나 제도의 형성과정을 시간의 흐름에 따라 시계열적으로 혹은 공간적 질서에 따라 구성된다. 예컨대 "북한사회 신체왜소에 관한 연구: 발생동학과 지속메커니즘"(김영희, 2013)을 들 수 있다.

제1장 서론
제2장 신체왜소의 개념 및 북한 실태
제3장 북한사회 신체왜소의 역사적 배경과 발생
　　제1절 신체왜소 발생의 기원: 1950~60년대 초반
　　제2절 신체왜소 확산의 잉태: 1960~70년대 중반
　　제3절 신체왜소의 발생: 1970년대 말
　　제4절 소결: 북한 체제운영에서 신체왜소 발생 필연성
제4장 북한 정부의 대응과 신체왜소의 지속
　　제1절 1980년대 이전: 신체왜소 발생, 초기 대응
　　제2절 1990년대: '고난의 행군', 신체왜소 확산 대응
　　제3절 2000년대 이후: 신체왜소 확산 대응
　　제4절 소결: 연대별 대응의 특징
제5장 신체왜소 극복정책 실패원인 및 은폐
제6장 북한사회 신체왜소의 지속메커니즘
제7장 결론

표목차나 그림목차는 논문 내용 중 표나 그림의 쪽수를 나타낸 것이다. 표시는 <표 3-5> 등의 형태로 나타낸다. 여기서 3은 해당 목차가 속한 장을, 5는 다섯 번째 표라는 의미이다.

정책방안 위주형 논문목차의 일반적 구성

앞서 언급한 것과 같이 논문은 분석 위주형과 정책방안 위주형 논문으로 구분한다. 이와 관련해 정책방안 위주형 목차은 어떻게 세우는가 하는 문제가 제기된다.

정책방안 위주형 논문은 어떠한 대책이 필요한가에 대답하는 것이 주요과제이므로 세 가지 영역이 필수적으로 들어간다. 즉 해당 사안의 현황(실태)과 관련된 영역과 여기서 제기된 문제점과 원인영역 및 이를 해소하기 위한 대책에 따른영역이다.

그림 3.3 정책방안 위주형 목차의 일반적 구성

정책방안 위주형 논문의 문제유형

정책방안 위주형 논문은 사회적 문제를 연구대상으로 한다. 여기서 문제란 해결을 요하는 불만족스러운 혹은 불만스러워질 상태나 조건을 말한다. 이러한 문제 가운데서 불특정 다수의 사람들을 대상으로 발생하는 문제를 사회적 문제라 한다. 특정사안을 방치할 경우 주민들의 불만이 높아지는 속에 국가에 대한 불신이 커지게 된다. 이를 공공문제라고 하는데 강도나 교통사고와 같이 늘 반복되면서도 단기적으로 해결이 가능하거나 마약이나 세금수탈과 같이 장기간 노력을 기울여야 해결이 가능한 문제도 있다. 이에 따른 대책을 강구하기 위해 국가는 연구과제를 발주하는데 이는 정책방안 위주형 논문 수행을 통해 실현된다.

정책방안 위주형 논문은 문제의 현 상태나 조건, 해결하기 위한 목적에 따라 발생형 문제와 잠재형 문제, 이상추구형 문제의 세 가지로 구분한다(다카스키 히사타카 지음, 현창혁 옮김, 2009:

26). 발생형 문제가 타인이 다 아는 해결을 요하는 문제라면, 잠재형 문제와 이상추구형 문제는 무엇이 과연 문제로 제기되는지조차 알 수 없는 것이라 할 수 있다. 이상추구형 문제는 방치하는 경우, 현재로서는 불편이 없지만 더 높은 목표를 추구하기 위해 설정한 문제라는 점에서 잠재형 문제와 차이난다. 종합하면 문제가 발생하는 과정과 문제해결을 통해 얻고자 하는 목표, 문제해결의 성격에 따라 문제유형이 다르다.

표 3.5 문제유형

구분	발생형 문제	잠재형 문제	이상추구형 문제
문제발견	프로세스 관리과정	예비책 모색과정	미션과 비젼 모색과정
해결목표	원상태 회복 혹은 복귀	리스크 확대 차단 및 사전 방지	경쟁력 있는 모습으로 거듭나기
해결성격	이미 비정상적인 것으로 드러남	장래에 비정상적인 것으로 변화	잠재형 문제 아니지만 더 높은 목표 달성

발생형 문제를 주제로 한 정책방안 위주형 논문은 이미 진단이 나온 상태여서 처방에 올인하면 된다. 본래의 상태로 회복하기 위한 대책이 필요하다는 의미에서 원상복구형 문제라 할 수 있다. 하지만 잠재형이나 이상추구형 문제를 주제로 한 정책방안 위주형 논문은 처방과 진단을 동시에 해야 하므로 품이 많이 든다. 그러므로 잠재형이나 이상추구형 문제를 주제로 한 정책방안 위주형 논문은 분석위주의 논문 수행을 통해 문제발생 실태나 원인이 어느 정도 밝혀진 경우 착수하는 것이 효율적이다.

정책방안 위주형 논문에서 문제는 시기성과 중요성에 따라 즉

시처리를 요구하는 위급한 문제나 장기간 보류해도 되는 문제로 구분할 수 있다.

표 3.6 시기성과 중요성에서 본 문제유형

구분		중요성	
		중요함	중요치 않음
시기성	긴급함	즉시 처리	자투리 시간 할애
	긴급하지 않음	계획을 세워둠	긴급할 때까지 보류

정책방안 위주형 논문에서 해결책

정책방안 위주형 논문은 문제의 발견수준과 해결의 시기성, 대책의 특징에 따라 발생형 문제해결 논문과 잠재형 문제해결 논문, 이상추구형 논문으로 구분할 수 있다. 이 경우 논문의 유형에 따라 해결책이 다르다.

발생형 문제해결 논문에서는 현재 발생한 문제에 대한 시기적절한 대책이나 재발방지 등의 대책이 필요하다. 이에 반해 잠재형 문제해결 논문이나 이상추구형 논문은 당장의 대책을 필요로 하지 않는다. 잠재형 문제해결 논문에서는 문제의 발생을 방지하기 위한 예방책을 강구하는 것과 함께 발생하였을 때의 손실을 최소화하기 위한 대응책이 주된 과제이다. 또한 이상추구형 논문은 현 시점에서 문제는 제기되지 않더라도 미래지향적인 관점에서 필요한 대책을 제시하게 된다. 이에 따라 발생형 문제해결 논문에서는 해당 문제를 해결하기 위한 프로그램이 개발된다면 잠재형 문제해결 논문에서는 해당 문제의 발생 시 피해를 최소화할 수 있는 로드맵이나 안내서 등이 제안되고, 이상추구형 논문에서는 시나리오를 통한 해결방향이 제시된다.

표 3.7 정책방안 위주형 논문유형

구분	발생형 문제해결 논문	잠재형 문제해결 논문	이상추구형 논문
문제발견 여부	발견됨	약간 발견	발견 안 됨
해결의 시기성	단기적 해결	중기적 해결	장기적 해결
대책의 특징	프로그램 제시	로드맵 제시	해결방향 제시

학위논문 중에는 '무엇, 무엇의 활성화 혹은 개선방안'이라는 제목의 연구가 적지 않다. 발생형 문제해결 논문임에도 이상추구형 논문 형식을 띠고 있는 경우가 적지 않다. 다시 말해 구체적인 프로그램을 제시하기보다 정책방향을 제시하는 데 그치는 경우가 많은 것이다. 연구자들은 정책방안 위주형 논문에서는 정책방향인지 혹은 정책방안 인지를 명확히 제시해야 한다.

정책방안 개발 절차

정책방안 위주형 논문에서 정책개발은 일정한 단계에 따라 진행된다. 물론 이러한 단계가 문제의 특성이나 상황에 따라 바뀌거나 생략될 수도 있다.

아래의 그림에서 볼 수 있듯이 분석 위주형 논문은 연구과제로 선택한 특정 사건이나 현상이 발생하게 된 배경이나 원인에 대한 고찰을 통해 이것이 미치는 영향에 대한 함의를 도출해냄으로써 이를 해결하기 위한 대책을 모색할 수 있는 근거를 제공하거나 일반적인 대책을 제시한다. 정책방안 위주형 논문은 이러한 자료에 근거해 혹은 일반적인 대책에 대한 평가를 거쳐 최종 대책을 선택하는 단계와 이를 실행하기 위한 단계까지를 포함하고 있다. 다시 말해, 일반적인 대책 중 파급효과와 실현가능성, 경제성을 기준으로 최종 대책을 선정하며 이를 실행하기 위한 일정과 관리방도를 제시한다.

정책방안 위주형 논문이 분석 위주형 논문에 비해 서술의 범위에서 예측부분이 많은 비중을 차지하고 정책활용에서 적절성이 높은 것은 이러한 이유 때문이다.

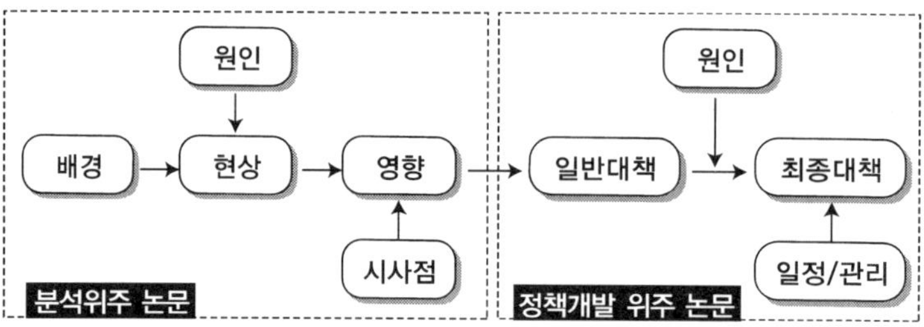

그림 3.4 정책방안 개발 과정

정책방안을 도출하는 방법

정책위주형 논문에서 제기된 문제를 해결하기 위한 방향이 결정되면 이를 실행하기 위한 구체적인 정책방안을 제시해야 한다. 이 경우 정책방안을 도출하는 방법에는 완전벤치마킹, 불완전벤치마킹, 개발의 세 가지가 있다.

첫째, 해당 분야나 다른 분야에서 효과가 입증된 대책을 그대로 따라하는 완전벤치마킹이다. 이미 사용하고 있는 방법에 대한 다른 시공간에서의 사용이라 할 수 있다.

둘째, 해당 상황에 맞게 대책을 수정하여 활용하는 불완전벤치마킹이다. 과거에 사용하였던 방법을 현재의 상황에 맞게 혹은 해당 분야나 공간적 특성에 맞게 변형시킨 것이라 할 수 있다.

셋째, 대상의 구체적 특징과 상황에 맞게 대책을 개발하는 방법이다. 100 % 새로운 것이라 할 수 없지만, 창의적인 것이 많은 부분을 차지하는 대책이라 할 수 있다.

위에서 제시한 이러한 방법이 효과를 보기 위해서는 문제가 발생한 원인의 특성에 따라 달리 접근해야 한다.

정책방안 제시 오류의 유형과 대책

정책방안 위주형 논문을 보면 정책방안을 제시하는 데서 오류를 발견할 수 있다. 이러한 오류는 어떠한 문제유형에 대한 정책방안인가, 즉 발생형 문제나 잠재형 문제, 이상추구형 문제해결을 위한 정책방안인가에 대한 논의가 결여된 것에서 찾을 수 있다. 예컨대 발생형 문제를 해결하기 위한 정책방안을 제시하는 데서 찾을 수 있다. 이주민들이 정착해감에 있어 한국사회의 부정적인 인식이 적지 않게 영향을 준다. 이 경우 부정적 인식을 긍정적 인식으로 전환시키는 것을 정책방안이라 할 수 없다. 문제해결을 위한 방향은 맞지만 드러난 문제를 뒤집은 것이나 다름이 없다. 이는 정책방안을 제시하는 데서 결과로서의 현상을 원인으로 보았기 때문이다.

한편 발생형 문제를 해결하기 위한 정책방안에서 나타나는 오류는 문제의 근본원인을 규명하지 못한 채 표면상에 나타난 문제점을 해소하는 데 관심을 두는 것에서 찾을 수 있다. 이는 혈압이 높은 경우 원인치료와 무관하게 혈압약을 먹으면 나아지겠다고 기대하는 것과 같은 이치이다.

발생형 문제를 해결하기 위한 정책방안을 제시하는 데서 나타나는 오류를 극복하기 위해서는 원래상태와 현 상태와의 차이를 명확히 밝히는 것이 중요하다. 이러한 방법에는 문제가 발생한 대상과 그렇지 않은 대상을 비교하는 방법, 문제가 발생한 대상이라도 발생 이전과 이후를 비교하는 방법이 있다. 또한 문제의 발생에 영향을 주는 요인들의 인과관계나 상관관계에 대한 분석을 통해 원인을 규명하는 방법이 있다.

정책방안 위주형 논문에서 해결책 평가

정책방안 위주형 논문작성에서는 해당 문제의 해결과 관련해 여러 가지 해결책이 제기된다. 이 경우 어떠한 해결책이 좋은가에 대한 평가가 제기된다. 이에 근거해 평가사업은 다음과 같이 진행된다. 먼저 제시된 해결책을 평가할 수 있는 기준을 만든다. 다음 평가지표에 근거해 최적의 대안을 선택하거나 목표와 실제 진행된 것과의 차이를 확인하는 방식으로 평가를 진행한다.

정책방안 위주형 논문에서 해결책에 대한 평가는 해결가능성과 이에 따르는 위험도, 타이밍 보장 수준에 따라 평가될 수 있다. 문제해결 가능성이 보이면서도 최소한의 노력으로 해결할 수 있는 것이 환영받을 수 있는 대안이다.

표 3.8 정책대안의 유형

구분		해결 가능성	
		높은 것	적은 것
자원 투자율	많은 것	일반적 대안	기피해야 할 대안
	적은 것	이상적인 대안	시도해 볼 만한 대안

바람직한 정책방안을 개발하기 위해서는 복잡계적 사고가 필요하다. 정책개발과 관련된 기존인식에서는 복잡한 것이 목적달성에 위협적인 것으로 보고 있다. 복잡계 이론은 복잡성이 새로운 질서를 창발시키는 원천일 뿐 아니라 이를 잘 관리한다면 정책학습과 목표실행의 효과를 높이는 기회로 될 수 있다고 간주하고 있다. 다시 말해 복잡한 환경이 조성되는 것이 새로운 질서를 갖춘 진보한 정책으로 변화될 수 있는 긍정적 여건으로 된다는 것이다.

이는 최근 들어 대부분의 사회적 현상들이 비균형적 혹은 비선형적 속성을 띠고 나타나기 때문이다. 특정정책은 이를 구성하는 요소들의 상호작용 혹은 외부적 환경의 영향을 받아 비균형적인 상관관계, 비선형적인 인과관계를 나타내는가 하면 초기의 미세한 차이가 구성요소간에 작용하는 시너지 효과로 인해 전혀 다른 결과를 발생시키기도 한다. 그러므로 정책수행 결과의 합으로 설명하기 어려운 총체적인 모습-새로운 질서를 보이면서 되돌아 갈 수 없는 비가역적 특성으로 나타내기도 한다. 따라서 부분적 문제를 해결하였다고 해도 전체로서의 문제를 악화시키는 결과가 발생할 수도 있다.

| CHAPTER 04 |

자료수집

1차 자료와 2차 자료

연구에 필요한 모든 자료는 1차 자료와 이로부터 파생된 2차 자료로 구분한다.

1차 자료가 가공되지 않은 문서나 통계 등이라면 2차 자료는 이로부터 가공된 연구 자료나 서적, 잡지 등이다. 2차 자료를 근거로 연구를 진행할 경우 신뢰도가 낮다. 그러나 특정 개념에 대한 해석이나 이론에 관한 연구 등과 같이 2차 자료에 의지할 수밖에 없는 경우도 있다.

북한관련 논문작성에 필요한 자료는 북한이 출간한 공식문헌을 내용으로 한 1차 자료와 이에 근거해 생산된 선행연구나 참고자료 등 2차 자료로 구분한다. 김일성 · 김정일 · 김정은의 노작과 덕성실기, <김일성종합학보>, <발명공보>, <군인생활>, 강연제강 등은 1차 자료라 볼 수 있다. 일부에서는 국내에 입국한 북한주민들의 증언도 1차 자료로 활용하는 경우도 있다. 1차 자료에는 공식적으로 나온 일반자료와 '극비', '절대비밀', '대내에 한함' 등의 표제하에 북한의 특정대상이나 기관에 국한된 특수자료가 있다. 특수자료에 비해 일반자료는 구입하기 쉬우나 신뢰하기 어렵다. 북한의 1차 자료는 객관성보다 이데올로기성을 추구하고 있어 당국의 논조가 반영된 것으로 지적되고 있다.

논문에 필요한 신뢰성 높은 2차 자료를 짧은 시간에 찾으려면 평소에 이러한 점에 관심을 두어야 한다.

첫째, 국내외 연구기관 중 어떠한 분야나 주제에 대한 연구가 잘 되어 있는가를 파악하고 있어야 한다. 이 경우 정치나 경제, 군사, 문화, 주민생활 분야나 정치 분야라도 체제운영과 관련된 분야인가, 아니면 주민심리와 관련된 분야인가 등을 잘 구분해야 한다.

둘째, 국내외 연구자 중 누가 어떤 분야나 주제에 대한 연구에 특출한가를 파악하고 있어야 한다. 이 경우 분석이나 연구방법, 논리전개 등 강점부문을 구분해야 한다.

자료수집에서 정보력은 필수

논문을 작성하다 보면 논거에 맞으면서도 신선한 자료가 필요한데 이에 적합한 자료를 찾기 어렵다. 그러므로 각종 연구기법을 동원해 새로운 자료를 발굴해 내야 하는 경우가 많다. 이는 논제에 맞게 자료를 정보화하는 능력 - 정보력과 관련된다.

이러한 능력을 갖기 위해서는 두 가지 능력이 필요하다. 즉,

해당 정보가 어디에 있는가를 직감할 수 있는 감지능력과 일반 자료 중에서 근거로 쓰일 수 있는 정보를 추출해내는 능력이다. 이는 자기의 전공분야와 무관한 북한의 정치, 경제, 군사, 문화 등 다방면의 지식을 갖고 있어야 가능하다. 그러기 위해서는 정보가 나올 수 있는 원천에 대해 알고 있어야 한다. 정보는 매체정보와 기관정보, 인맥정보의 세 가지 원천에서 얻을 수 있다. 매체정보나 기관정보는 누구나 알고 있는 것이고 시기성이 떨어진다. 인맥정보를 통해 신속하고 신뢰성 높은 자료를 얻을 수 있다.

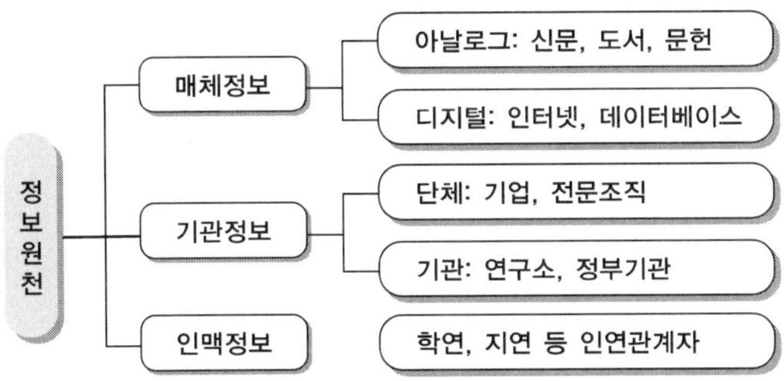

그림 4.1 정보원천

사안에 맞는 정보를 추출해 내는 능력은 북한체제 작동의 본질이나 원리, 체제적 특성 등에 대한 이해가 있는 경우 가질 수 있다.

정보력을 갖기 위해서는 특정이론을 통해 자료를 찾아내는 방법을 알아야 한다. 이론과 자료는 상호보완적이어서 이론은 자료를 찾을 수 있게 하는 나침판의 역할을 한다. 이론에 근거한 전체적인 그림 속에서 자료 찾기를 진행하면 한결 용이하다. 또한

2차, 3차로 가공되어 공인된 정보일지라도 오리지널 정보로 환원시켜 진위를 판단한 다음 이를 이용할 줄 알아야 한다.

독단적인 판단을 내세우면 정보화 능력이 제대로 키워질 수 없다. 따라서 사실에 근거해 철저히 판단하도록 해야 한다.

연구방법에는 어떤 것이 있나?

연구방법에는 역사적 접근방법, 비교분석방법, 문헌분석방법 등이 있는데 해당 논제를 증명하는 데서 일련의 차이가 있다.

역사적 접근방법은 어떤 사건이나 현상의 논리적 연관관계를 연대기를 통해 살펴볼 수 있는데 이를 통해 사건이나 현상의 등장과 변화를 시계열적으로 규명할 수 있다. 역사적 접근방법에서는 영향요인들의 역학관계를 잘 드러냄으로써 굴곡이 드러나게 서술하는 것이 중요하다.

비교분석방법은 어떤 개체가 가지고 있는 보편성과 특수성을 규명하기 위해 필요한데 해당 문제에 대한 보다 명확한 인식을 얻을 수 있다. 비교분석에서는 비교시점과 단위, 수준을 잘 설정해야 한다. 예컨대 남북한과 동서독의 통일준비과정을 논하는 경우 냉전의 상황에서 진행된 통일준비와 탈냉전인 오늘의 시점에서 통일준비가 시대적으로 차이가 있음을 알아야 한다. 이 경우 비교단위는 통일준비과정이 되며 제도적 통일준비와 관련된 연구는 통일준비를 위한 남북경제공동체와 관련된 연구에 비해 거시적 수준의 연구주제이다.

문헌분석은 논제에서 다루는 다양한 사건이나 현상의 인과관계를 파악할 수 있게 한다. 이 경우 1차 문헌자료가 중요한데 북한의 1차 문헌이라도 객관적인 사실을 확인한 가운데 진행해야 한다.

분석틀, 이렇게 이해하자

연구자료를 보면, 분석틀, 혹은 설명하는 틀이라는 표현이 눈에 띈다. 여기서 말하는 분석틀은 논증과정을 단순화시켜 보여줄 수 있는 수단으로 이를 이용하면 누구나 동일한 결과를 얻을 수 있게 도식화한 것이라고 할 수 있다. 해당 주제에 대한 논증에서 분석틀은 독자들로 하여금 영향요인 사이 관계를 체계화하고 연구 흐름을 쉽게 파악할 수 있게 한다.

이해를 쉽게 하기 위해 다음의 사례를 보자. 지정된 시간 내에 무오가리(무말랭이)를 만든다고 하자. 이 경우 각이한 도구가 나오겠으나 채칼만 있으면 누구나 똑같은 오가리를 만들어 낼 수 있는데 채칼이 바로 분석틀이다.

분석틀은 연구과정을 전반적으로 의식하면서 논점으로 접근할 수 있게 하는 데 효율적이다. 예를 들어 보자. 일반적으로 지역의 자체원천에 의거한 방위체계가 운영되자면 지역방위에 필요한 병력을 보장해 줄 수 있는 체계(지역 내 무력체계)와 군수제품을 보장해 줄 수 있는 체계(지역 내 군수생산체계), 지역 내 무력체계와 군수생산체계 사이의 연계, 체계전반에 대한 통일적

지휘를 실현할 수 있는 체계(지역방위 지휘체계)의 3가지 요소가 필요하다. 이를 지역자체 방위체계 운영에 필요한 3대 요소라 할 수 있는데 그림으로 나타내면 다음과 같다(김병욱, 2011: 40).

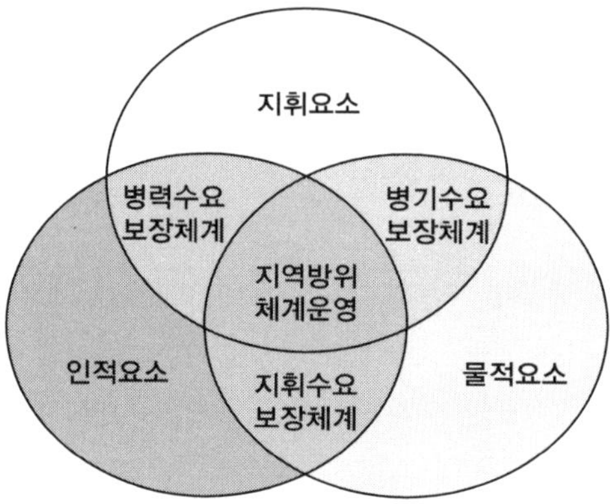

그림 4.2 지역방위체계 3대 요인

위의 그림에서는 해당지역이 전시에 중앙의 도움이 없이 자체로 방위하기 위해서는 어떻게 운영되어야 하는가를 밝히고 있다. 따라서 지역자체방위체계 운영과 관련된 분석틀이라 할 수 있다.

양적연구와 질적연구란?

논문작성에서는 자료의 수집 및 처리방식에 따라 양적연구 혹은 질적연구로 구분한다. 여기서 질이라는 개념은 비교하거나 측정하기 어려운 것이라면, 양은 이것이 가능한 속성이라 할 수 있다. 이러한 점에서 양적연구는 실증주의적 인식론에, 질적연구는 현상학적 인식론에 바탕을 두었다고 볼 수 있다.

북한관련 연구결과가 객관적이지 않은 것은 질적 연구 일면에 의존하고 있는 것과 관련된다. 이는 양적 및 질적 연구방법에 따른 차이를 통해 알 수 있다.

표 4.1 양적연구와 질적연구의 차이

구분	양적연구	질적연구
연구자와 연구대상	접근 불가능	접근 가능
연구수단	조사, 실험, 관찰	면접, 인터뷰, 문헌
연구결과 서술	수식화, 측량, 측정이 가능	불가능
연구결과	보편성을 찾는 데 용이	특수성을 찾는 데 용이

질적연구와 양적연구를 결정하는 것은 연구를 지배하는 인식론이 무엇인가 하는 것이지, 어느 한쪽 연구방법에 치우쳐 배타적으로 연구를 진행해야 한다는 의미가 아니다. 이는 사물이 양과 질의 속성을 다 가지고 있는 것만큼 양적 및 질적연구가 서로 연관된 채로 연구의 객관적 사실이 밝혀질 수 있기 때문이다.

그렇다고 두 연구방법을 절충하는 식으로 활용하여서는 안 된다. 그것은 양적연구가 특정 현상을 맥락에서 분리하여 단순화한다면, 질적연구는 특정한 현상을 맥락 속에서 체계화하여 밝혀내는 데 관심을 두고 있기 때문이다. 연구결과의 객관성을 얻기 위해서는 질적연구 혹은 양적연구를 부분적으로 종합하여 이용하는 것이 바람직하다.

질적연구에는 어떠한 것이 있나?

질적연구 방법으로는 내러티브, 현상학, 근거이론, 문화기술지, 사례연구가 있다. 이러한 연구방법의 공통점은 다양한 수준의 면접과 관찰, 문서, 시청각 자료를 포함한 유사한 자료수집 과정을 거친다는 것이다.

차이점을 본다면, 내러티브는 개인적인 경험을 통해, 근거이론은 개인적 경험을 통해 공통적인 이론을 밝혀내고자 할 때, 현상학은 체험한 현상의 본질을, 문화기술지는 개인 혹은 특정집단의 삶과 공유된 문화와의 관계를 기술하려고 할 때, 사례연구는 이슈거리나 기타 사례의 본질을 파악하고자 할 때 사용한다. 이에 대한 구체적인 차이는 아래의 표를 통해 알 수 있다.

표 4.2 질적연구의 방법유형

특성	근거이론	내러티브	현상학	문화기술지	사례연구
관심 대상	현상설명 위한 이론개발	이야기	경험을 공유한 소수	동일한 문화 공유집단	사건 등 사례
적합 대상	명제도출	특정한 경험	경험의 본질과 의미	특정지역 문화	특정 사례
분석 단위	소수인원	소수인원	개인 혹은 집단	개인 혹은 집단	특정한 사례자
분석 방식	개방 · 축 · 선택적 코딩	연대기 형식	의미 있는 진술	현장과 삶의 결합	사례의 맥락
결과	이론에 대한 시각적 모형	개인 혹은 집단의 체험	경험의 본질과 의미	특정 문화의 본질	사례의 의미

근거이론을 알면 논문거리가 많아진다

북한연구자들 가운데 북한 출신들이 적지 않다. 이들은 북한 생활을 피부로 체험해서 논문작성 방법을 잘 익히면 좋은 논문을 써낼 수 있는 잠재력이 있다. 이를 위해서는 재북 시 삶의 자취를 논문화하기 위한 문장력과 논문력이 필요하다. 이를 위해서는 사회과학분야에서 통용되는 연구방법을 논문작성에 적극 도입하기 위해 노력해야 한다. 여기서 근거이론을 통한 질적연구가 하나의 방도일 수 있다.

근거이론은 근거를 찾고 이에 기초해 이론을 도출한다는 점에서 줄인 말이다. 근거에서 이론을 찾으려면 근거의 성격을 밝혀야 하고 여러 근거들 사이의 위계관계를 밝히는 과정을 밟아야 한다. 근거이론에서는 이러한 과정이 진행된다. 따라서 인간의 행위와 상호작용을 둘러싼 과정, 이러한 과정의 궤적에 대하여 추상적 개념화와 이론화를 시도하고 형식적 이론을 생성할 수 있게 한다. 최근에는 교육학, 간호학, 경영학, 가족학, 노인학, 사회사업, 여성학 등 각 사회과학의 각 분야에서 활용되고 있다. 이러한 이유는 근거이론이 현상학이나 내러티브 등 질적연구방법과 달리 포착하기 어려운 인간 및 조직의 사회적 및 심리적, 구조적 현상을 파악하는 데 용이하기 때문이다. 그러나 주어진 절차와 기법에 따라 기계적으로 자료를 대입하거나 치환하는 방법론적 오류를 범하고 있다. 이로 인해 핵심범주를 중심으로 범주들 사이의 개념적 관련성이 미흡하고 패러다임 모형을 과정분석으로 오해하는 경향이 있다는 평가도 제기된다(이동성 · 김영천, 2012).

근거이론에서 구분에 대한 이해

근거이론에 의한 연구는 세 개의 과정을 통해 이루어진다. 하나는 자료수집이고 다른 하나는 수집된 정보나 자료를 구분하는 것, 마지막으로 코딩작업을 통한 분석이다. 자료수집은 인터뷰나 설문조사, 참여관찰, 선행연구를 비롯한 문헌조사를 통해 이루어진다. 구분은 주어진 자료를 개념화하여 하위범주에서 상위범주를 이끌어내는 과정이다. 사물현상은 일반적인 규칙이나 원리, 공통적인 특징을 기준으로 다섯 가지 측면에서 구분할 수 있다(길영로, 2012: 129-130).

표 4.3 구분의 내용

용도	내용
구조 분석	조직과 개인, 전체와 부분, 상하와 좌우, 완성품과 부분품, 앞과 뒤, 겉과 속, 양과 음, 현재와 미래, 겉모습과 속모습, 주와 종, 주류와 비주류, 중심부와 주변부, 본질과 현상, 필연과 우연, 물질과 정신, 하드웨어와 소프트웨어, 탄력과 비탄력, 근원과 파생, 효과와 영향, 가시적인 것과 비가시적인 것
메커니즘 분석	동태적 관계, 정태적 관계, 유기적 관계, 생태적 관계, 기능분담 관계, 인과관계, 상관관계, 이해관계, 기생관계, 적대관계, 지배관계, 공존관계
달성상황 설명	목적과 수단, 전략과 전술, 대체관계, 만족과 불만족, 충족과 미충족, 달성과 미달성, 완성과 미완성, 문제와 과제, 목표와 실적
변화 분석	확률과 비확률, 순환과 비순환, 규칙과 비규칙, 일시적과 항시적, 연속과 비연속, 동태적과 정태적, 확대지향과 축소지향, 단기적과 장기적
장래예측 분석	위험과 기회, 강점과 약점, 단일예측과 복합예측, 제약조건과 한계조건, 고정예측과 변화예측

한편 구분의 개념에는 구별과 등급이 있다. 구별은 서로 독립적이고 동등한 수준으로, 등급은 종속적인 상태로 나누는 것을 뜻한다. 예컨대 연령별, 성별에 따른 구분이 구별이라면, 기득권층, 비기득권층에 의한 구분은 등급이다.

설문문항의 구성과 배치: 이런 점을 참고하자

사회과학연구에서는 설문문항에 따른 조사연구가 많이 진행되고 있다. 설문내용의 특징과 무관하게 조사문항에는 크게 세 가지 내용이 포함된다. ① 대상의 속성과 관련된 문항, ② 어떠한 현상에 대한 행동과 관련된 문항, ③ 어떠한 현상에 대한 태도와 관한 것으로 구분할 수 있다. 대상의 속성과 관련된 문항에는 나이, 학력, 종교, 수입 등 응답자 개인정보와 관련된 것을 들 수 있다. 행동과 관련된 문항에는 특정후보를 지지한 적이 혹은 지지할 계획이 있는가와 같은 가시적 혹은 시제적 특성이 반영된다. 태도와 관련된 문항에는 통일에 대한 찬성이나 반대와 같이 응답자가 갖고 있는 느낌이나 의식과 관련된 내용을 들 수 있다.

설문조사의 문항작성에서는 문항의 구성과 배치에 각별한 관심을 두어야 한다.

첫째, 문항수는 가능한 45개 이하로 만드는 것이 좋다. 문항수가 많으면 응답자의 성실한 답변을 기대하기 어렵다.

둘째, 질문을 쉽게 이해할 수 있는 단어를 쓰도록 해야 한다.

이를 위해서는 몇몇의 피조사자들에게 설문문항의 이해 정도를 시험해본 다음 제기된 문항을 수정하고 본격적인 설문조사에 들어가는 것이 좋다.

셋째, 연구목적에 적합한 응답방식을 선택하며 중립적인 응답이 나올 수 없도록 구성하는 것이 좋다.

한편 설문문항의 배치에도 관심을 두어야 한다.

첫째, 문항의 첫 시작은 쉽게 체크할 수 있도록 해야 한다. 첫 시작부터 응답이 어렵거나 예민한 질문항목을 놓는다면 응답자가 첫 시작부터 답변에 대한 흥미를 잃게 된다. 문항의 첫 시작은 가벼우면서도 응답자의 관심을 끄는 문항을 배치하는 것이 좋다. 간단히 답할 수 있는 것에서 복잡한 것으로, 같은 맥락의 문항을 연속적으로 배치해야 질문자가 답하기 편하다.

둘째, 응답에 직접적인 영향을 줄 수 있는 유사한 문항은 일정한 거리를 두고 배치하는 것이 좋다. 나란히 배치할 경우, 응답자가 진실과 무관하게 앞의 응답과 똑같게 답변할 수 있기 때문이다.

| CHAPTER 05 |

집필 및 완성

서론을 읽고 나면 논문이 다 보인다

논문내용에서 제일 먼저 접하는 것이 서론이다. 흔히들 논문심사자들은 서론과 결론만을 본다고 한다. 그래서 서론을 읽고 나면 논문이 다 보인다고 하기도 한다. 그만큼 논문작성자의 특별한 관심이 요구되는 부분이라 할 수 있다. 이는 논문작성자 자신을 위해서도 필요하다. 서론을 충실히 완성하면 해당 논문작성의 길라잡이가 되기 때문이다.

서론에는 ① 연구배경, ② 선행연구 분석, ③ 주요 연구문제, ④ 논문의 구성, ⑤ 연구한계, ⑥ 용어해설 등이 들어간다. 논문에서 어떤 주제에 관심을 갖고 있으며 밝히려는 주요내용이 무엇인지, 지난 기간 연구에 비해 어떠한 점이 다른지, 어떤 방법과 순서로 쓰려고 하는지가 서술된다. 서론에서는 연구배경에 대한 설명이 중요하다. 연구자가 이 주제를 왜 정하였는지와 이를 응용하면 어떤 이득을 얻을 수 있는지를 이해하기 쉽게 써야 한다.

그래야 독자들이 왜 시간을 들여 이 논문을 읽어야 하는지를 판단할 수 있다.

서론에서는 선행연구에 대한 검토를 잘 해야 한다. 선행연구 검토는 논문작성자가 논문의 현 위치를 확인하고 연구방향을 결정짓기 위해 필수적인 단계라 할 수 있다. 연구하려는 주제와 관련된 선행연구가 많은 경우, 최근에 발표된 유명한 연구자가 쓴 연구논문을 우선적으로 살펴보는 것이 좋다. 선행연구가 없는 경우 이와 유사한 연구를 찾아보고 직접적으로 관련된 연구가 없다는 것을 밝혀야 한다. 선행연구에 대한 서술방식에는 ① 일반적인 것으로부터, ② 연도순으로, ③ 특정 주제 순으로 서술하는 방법이 있다. 여기서 일반적인 것으로부터 구체적인 것으로 서술하는 방법은 연구주제와 관련성이 낮은 선행연구자료를 인용하기 시작해 점차 관련성이 있는 것으로 접근하는 것을 말한다. 선행연구에서는 누가 어떤 것을 연구하였다는 식의 해설이 아니라 논문작성자의 논문과 어떠한 차이가 있는지를 밝히는 데 관심을 두어야 한다. 간주해야 할 것은 선행연구의 한계를 지적할 경우, 그 원인이 당시의 환경이나 기타 요인에 의해 발생한 비의도적인 행위였다는 점을 분명히 해야 한다. 이밖에도 서론에서는 연구에서 다뤄질 중요문제나 논문의 전반적인 구성, 연구의 한계, 용어해설 등도 서술하게 된다.

이론적 배경에 대한 서술, 왜 필요한가?

논문작성에서 빠지지 않는 것이 이론적 배경에 대한 서술이다. 논문작성에서 이론적 배경에 대한 서술이 왜 필요한가? 필자가 석사학위논문을 작성하는 초반에 제기되었던 이 질문을 오늘은 학생들로부터 받곤 한다. 이를 이해하기 위해서는 논증방식과 학계에 통용되는 논문목차 구성의 특징을 살펴보아야 한다.

논증방식에는 연역법과 귀납법이 있다. 어떠한 유형의 논증방법을 쓰든 주장, 논거, 근거의 3대 요소가 반드시 구비되어야 한다. 논거가 해당주장에 대한 일반적 원리에 기초한다면, 근거는 구체적인 객관적 지표(비율, 평균치 등)를 반영한다.

연역법과 귀납법은 논거와 근거 중 출발이 무엇부터인가에서 다르다. 연역법은 논거로부터, 귀납법은 근거로부터 논거를 이끌어내며 해당 주장이 옳거나 그름을 밝힌다.

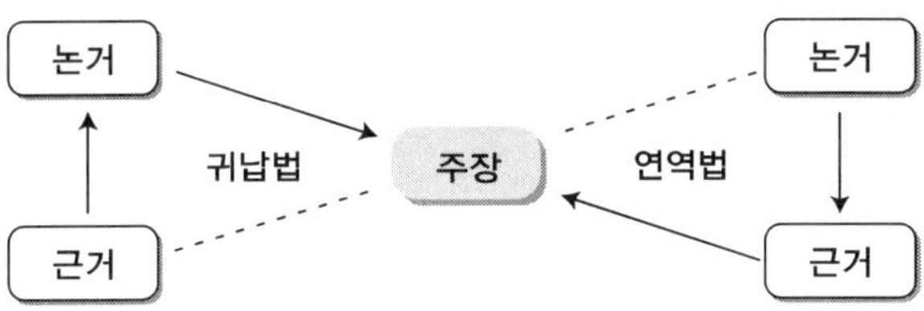

그림 5.1 논증방식의 구분

모든 학위논문의 목차는 연역법적 논증방식으로 구성되어 있다. 이론적 배경이라는 논거를 통해 본문이라는 근거를 밝힘으로써 주장이라는 결론을 이끌어낸다. 이러한 점에서 이론적 배경은 연구자가 주장하는 논제에 대한 논거라 할 수 있다.

논문작성과정이란 이론적 배경을 대전제로 하고 각 장에서 서술되는 내용을 개별적 소전제로 하는 하나의 논리적 연관관계 속에 결론을 유도하는 과정이라 할 수 있다.

표 5.1 논문목차와 논증의 관계

구분	증명과의 관계	전제와 관계
서론 및 이론적 배경	논거	대전제
본론	근거	소전제
결론	주장	

이론적 배경을 서술하기 위해서는 주제를 설명하는 데 적합한 이론을 모두 고찰하여야 한다. 해당되는 이론이 없으면 유사한 이론을 구체화시켜 사용해야 한다.

이와 함께 반드시 빼놓지 말아야 할 것은 해당 주제와 관련한 이론이 본 연구에 적용가능한가를 살펴보는 것이다. 푸코의 몸·권력과 북한사회 신체왜소 적용가능성을 예로 들 수 있다(김영희·김병욱, 2013). 이러한 점들은 논문들에서 해당 이론의 적용가능성이라는 말로 표현되는데 적용에서 제기되는 문제점이나 한계를 반드시 짚고 들어가야 한다. 이는 설문조사를 비롯한 연구도구를 사용함에 있어서 신뢰도와 타당도를 반드시 검증하고 시작하는 것과 유사하다.

이론적 배경에 대한 서술에서는 연구문제의 독립변인이나 종속변인과 관계되는 내용을 서술하게 되는데 독립변인을 먼저 서술해야 논의하기 수월하다. 이론적 배경을 찾기 어려우면 '예비적 고찰'의 제목하에 일반적인 개념을 서술하는 식으로 대체하기도 한다. 논문작성에서 이론적 배경은 분량이 많은 경우 하나의 장으로 독립적인 목차로 구성하지만, 그렇지 않는 경우 서론에 포함시켜 '서론 및 이론적 배경'으로 서술하기도 한다.

용어의 정의에 관심을 갖자

논문을 작성해 나가면 용어사용 문제가 필수적으로 제기된다. 그것은 용어의 사용에 따른 의미가 다르기 때문이다. 특히 선행연구가 없거나 적은 논문인 경우 반드시 짚고 넘어가야 한다. 이러한 필요는 북한연구에서 더더욱 제기된다. 남북한 체제의 차이로 인해 같은 용어임에도 의미가 다르게 쓰이는 경우가 적지 않기 때문이다. 예컨대 북한에서는 유리하다는 말이 양호하다는 의미로 쓰이며 같은 단어인 집단의 경우 북한에서는 사회정치적 집단 등 긍정적 단어로 쓰나 남한에서는 공산집단이나 조폭집단과 같이 부정적 의미로 쓰인다. 또한 주체사상, 선군정치 등 새롭게 등장한 단어들도 적지 않다. 따라서 다른 논문도 그러하지만, 특히 북한 관련 논문에서는 사용되는 용어의 의미가 무엇인가를 제대로 정의하여야 독자들이 분명히 이해할 수 있다.

용어의 정의유형에는 선행이론가들이 내놓은 이론적 정의, 백과사전과 같은 용어사전에 밝혀진 사전적 정의 및 연구자가 논증에 양호하게 규정한 조작적 정의가 있다. 유형을 불문하고 용어가 정의되었다는 것은 이를 이루는 유개념과 종차가 포함되었다는 것을 의미한다. 유개념이 정의를 내려야 할 대상을 이와 유사한 특징을 가진 집단군에 배속시킨 것을 의미한다면 종차는 정의를 내려야 할 대상이 배속된 집단에서 어떠한 점에서 차이가 있음을 밝힌 것이다(길영로, 2008: 26).

예컨대 인간을 "이성을 가진 동물이다"라고 정의하였다고 하자. 이 경우 유개념과 종차가 있어 인간이라는 정의를 내릴 수 있다.

> 정의 = 유개념 + 종차 = (인간은 동물) + (다른 동물과 달리, 이성적이다)
> = 인간은 이성적 동물이다

선행연구에서 찾아보기 힘든 연구일수록 중요한 개념이나 연구변인들을 조작적 정의로 분명하게 밝힘으로써 독자들이 논문을 읽으면서 용어에 의한 오해가 없도록 해야 한다.

연구범위를 구체화하면 설득력이 높아진다

모든 논문은 논의하는 대상이나 수준, 측정도구나 절차 등 연구방법에서 일련의 차이가 있다. 이로 인해 공통의 주제라 해도 결과에서는 차이가 있다. 연구결과에 대한 오해를 해소하기 위해 논문작성자는 전제조건을 제시하게 되는데 그것이 바로 연구범위 혹은 제한점이다.

논문작성자는 연구범위를 설정하여 자기가 정한 범위 내에서 고찰하면 누구나 유사한 결론을 얻을 것을 기대한다. 연구범위에는 ① 대상과 관련된 것, ② 시기 및 지리적 장소와 관련된 것, ③ 논의되는 개념 및 범주와 관련된 것, ④ 연구방법과 관련된 것 등이 있다. 연구의 제한점은 연구를 하는 과정이나 마친 후 얻어진 연구의 한계를 말한다. 주로 연구범위를 제약하는 것으로 인해 발생하므로 연구범위를 정하는 데 신중한 주의를 기울여야 한다. 여기서 연구범위와 제약점의 의미상 차이를 한 가지 든다면, 연구범위가 연구를 시작하면서 연구자가 의도적으로 결정한 것이라면, 연구의 제한점은 연구과정, 혹은 연구범위를 한정시킨 결과로 나타난 문제점이라 할 수 있다. 연구범위가 연구의 첫 시작과 함께 서술되지만 연구의 제한점은 결론을 쓰면서 비로소 기술하게 되는 것이 이러한 이유 때문이다. 연구범위와 제한점을 구체적으로 설정해주면 해당 주제에 대한 논문작성자의 문제의식이 분명해져 연구결과에 대한 신뢰성을 높일 수 있다.

표 5.2 연구범위와 제한점

구분	연구범위	연구의 제한점
발생	연구자의 인위적 설정	연구과정의 필연적 산물
서술순서	연구의 첫 시작	연구의 마감
논문에서의 역할	연구주제에 대한 방향설정	연구결과에 대한 의문해소

본론에는 어떤 내용이 들어가야 하나?

본론은 논문작성자가 제시한 주장을 각종 논거를 통해 체계적 및 논리적으로 검증 혹은 논증하는 부분이다. 아래의 그림과 같이 발견될, 또 발견된 사실에 대한 내용은 세 개의 영역이 다뤄진다. 이에 따라 본론은 보통 3~4개의 장으로 구성된다.

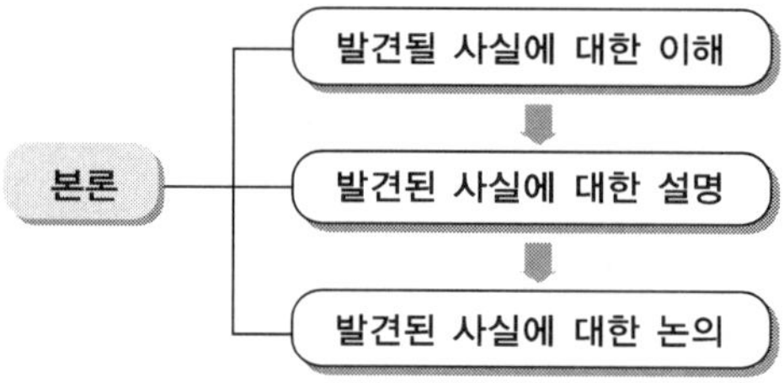

그림 5.2 본론의 구성

본론에서는 발견된 사실을 어떠한 방식으로 논증하고 설득시킬 것인가에 관심을 두어야 한다. 논증을 위해 상이한 근거와 자료가 제시되는데 독자들이 이해하기 쉽게 서술해야 한다. 이를 위해서는 사실자료라도 적절한 분석과 설명을 해주는 것이 바람직하다. 예컨대 통계자료나 인용자료를 논거로 제시하는 경우, 이러한 자료가 연구자의 주장과 어떠한 관계에 있는지를 의미의 맥락에 이르기까지 구체적으로 설명해 주어야 한다. 이와 함께 본론에서 발견된 사실이 기존 연구결과와 비교한 가운데 충분한 논의가 이루어지도록 서술해야 한다. 그래야 논문으로서의 가치를 인정받는다.

본론을 서술해 나감에 있어 논증방식을 어떻게 잡는가 하는 것도 중요하다. 다른 분야와 마찬가지로 북한연구는 문헌분석이든 비교분석이든 이를 논증하는 데서 역사적 접근이나 변수적 접근에 의한 연구를 시도하는 경우가 많다. 두 접근방식은 단점이 있는데 역사적 접근에서는 특수성을 찾기 어렵고 변수적 접근에서는 보편성을 찾기 어렵다.

본론에 대한 서술에서는 논의과정에 발견된 내용을 표나 그림을 이용하여 간결하게 표현하는 것이 중요하다. 발견된 사실에 대한 서술에서 선입견이나 주관성, 논리적 비약 등을 삼가야 한다.

논의 부분에 대한 서술, 어떻게 할 것인가?

연구자들이 논의 부분에 대한 서술에 관심을 두는 것은 연구결과의 의미를 충분히 설명함으로써 독자들의 이해를 도울 뿐 아니라 향후 연구에서 참고가 될 수 있는 시사점을 주려는 데 있다. 이러한 점에서 논의 부분은 논문작성자가 연구결과를 명확히 하기 위한 장이라 할 수 있다. 연구결과에 대한 충분한 논의가 없으면 결과기록물로만 되어 학위논문의 특성이 살아나지 못한다. 그러나 논문작성자의 주관적인 의견이나 해석이 들어가는 것을 경계해야 한다.

논의 부분은 연구결과에 대한 논의를 기본으로 하고 있는데 아래의 그림에서와 같이 세 가지 영역으로 나누어 볼 수 있다.

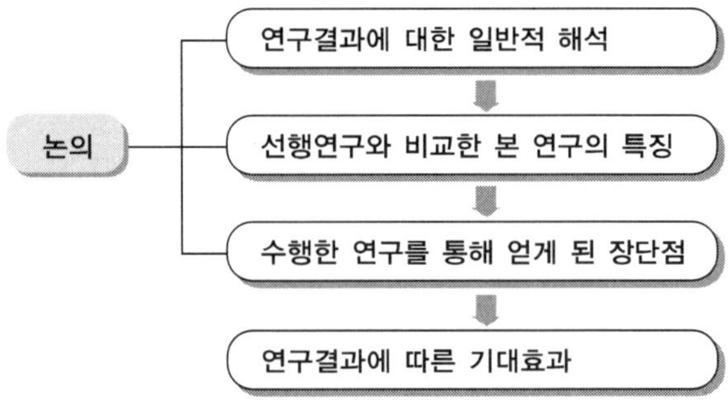

그림 5.3 논의의 구성

위의 다섯 가지 내용을 기술함에 있어 구체적인 서술은 피하고 중요한 점을 강조하는 것이 좋다. 이와 함께 서술에서 피해야 할 점이 있다. 예컨대 연구결과에 대한 확대해석, 선행연구에 대한 직설적인 비판 등을 들 수 있다.

대부분의 연구에서는 논의 부분을 별도의 장으로 구성하지 않고 요약이나 결론에 포함시키는 경우가 많다. 이는 '요약과 논의' 혹은 '논의와 결론'의 제목을 찾을 수 있다.

결론에는 이런 내용이 포함되어야

결론은 연구를 마무리 하는 단계이다. 논의와 결론을 별도로 하거나 연구요약 및 결론으로 묶어 요약에서 논의를 함께 하는 경우도 있다. 논의를 별도로 제시하지 않는 대부분의 논문에서 결론은 아래의 그림과 같이 세 가지 부분으로 이루어져 있다.

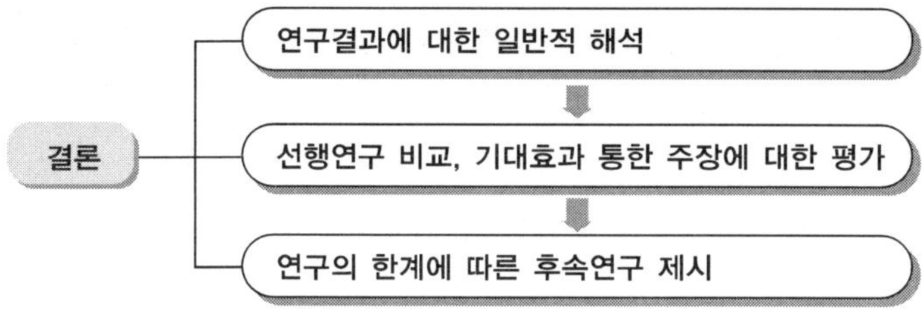

그림 5.4 결론의 구성

결론에서는 서론에서 해결을 목표로 하였던 문제를 상기시키고 핵심적인 여러 연구결과를 종합하여 이것이 밝혀졌음을 추상적 표현을 통해 서술해야 한다. 또한 연구결과를 종합하고 시사점을 도출하며 연구의 기대효과 및 한계를 서술한다. 다루지 못하였던 문제와 그 이유를 밝히고 새로운 연구대안을 제시한다.

결론에서 연구결과는 밝혀진 사실을 중심으로 설명하고 이에 대한 논의는 다른 선행연구와 비교하여 서술하는 것이 설득력이 있다. 이와 함께 결론은 서론에서 제시한 문제에 대한 해답이므로 대조하여 분명하게 서술해야 한다. 결론 부분에서는 해당 연구결과에 대한 표현에 주의해야 한다. 연구결과에 대한 비확실성, 불투명성을 엿볼 수 있게 하는 '경우에 따라서는', '가끔씩'이나 '보인다', '바람직하다' 등의 표현은 되도록 자제해야 한다.

서론의 제목과 결론의 제목은 문맥을 일치시켜야 한다. 예컨대 들어가며/나오며, 여는 말/맺는 말, 서론/결론, 머리말/맺음말의 표현으로 호응되어야 한다.

논문작성 후 이런 것을 체크해보자

논문을 많이 써본 사람일수록 논문완성 후 다듬는 것에 많은 관심을 둔다. 그래서 초벌완성과 최종완성이라는 나름의 단계를 거치기도 한다. 논문작성을 끝낸 다음 다른 사람들의 조언도 좋지만, 본인 스스로 아래의 네 가지 사안을 꼼꼼히 체크해보는 것이 좋다.

첫째, 연구목적과 목차 및 내용과 결론이 일치하는가?
둘째, 논문의 접근법(선행연구, 이론 · 실제적 근거, 분석틀)은 타당한가?
셋째, 논문에서 분석한 내용이 정확성과 객관성, 논리성과 일관성, 심층성과 종합성에 부합되는가?
넷째, 논지가 뚜렷하고 표현력(구성의 체계성, 논점의 명료성, 어법의 정확성)에 무리가 없는가?

이걸 모르면, 나도 모르게 논문표절

우리는 유명인들이 표절논란에 휩싸여 구설수에 오르내리는 것을 목격하곤 한다. 표절을 막기 위해서는 이에 대한 스스로의 각성이 요구된다.

논문표절은 타인의 문장이나 구절, 중요한 표현이나 핵심개념, 글의 구성이나 구조 등에 대해 출처를 언급하지 않고 서술하는 경우에 발생한다(원만희 외, 2012: 176-181). 어떤 학자들은 인용부호와 참고문헌에 대한 언급이 없이 다섯 단어 이상을 연속해서 동일하게 사용한 경우 표절이라고 규정짓기도 한다(강정호, 2007: 69). 논문의 표절은 범위에 따라 전면표절과 부분표절로 나눌 수 있다. 전면표절이 타인의 글을 자신의 글 인양 꾸미는 것이라면, 부분표절은 타인의 표현이나 생각 등을 자신이 발견한 것처럼 짜깁기한 것을 말한다. 마지막으로 의도적 표절과 비의도적 표절로 나눌 수 있다. 의도적 표절이 인용방식을 악용한 것으로 인해 발생한다면, 비의도적 표절은 인용방식을 제대로 지키지 않은 데서 나온다.

논문표절은 누구의 글인가, 표절의 범위가 어느 정도인가, 의도성 여부에 따라 구분할 수 있다. 먼저 원저자가 누구인가에 따라 자기표절과 타인 표절로 나눌 수 있다. 자기표절에는 이중게재와 부분게재가 있는데, 이는 이전에 발표되었던 자료나 아이디어를 사용하면서 출처를 밝히지 않기 때문에 발생한다. 타인 표절은 다른 사람의 글을 인용할 때 큰 따옴표(“ ”)와 같은 인용부호를 붙이지 않고 사용하는 것에서 찾아볼 수 있다. 인용출처를 밝혔다고 하여도 기존의 것에 비해 독창성이 없거나 기존 저작물보다 분량이 많은 경우, 자기표절로 될 수 있다는 점을 명심해야 한다.

표절에 대한 인식과 함께 혼동될 수 있는 행위에 대한 이해가 필요하다. 학술대회나 학회 등에서 이미 발표한 글이라고 해도 이를 바탕으로 다시 썼다면 표절이 아니다. 이 경우 어디서 발표하였는데 수정하였다고 밝히는 것이 바람직하다.

정부나 학계, 일부 언론사, 사회단체 등에서 판매를 목적으로 하지 않고 출판한 논문, 다시 말해 연구보고서, 학회초록, 연구계획서, 시장조사서 신문이나 잡지에 투고한 글 등은 전문가의 심사를 통과한 학술논문이 아니므로 이를 정리하여 학술지에 다시 투고하는 것은 표절행위가 아니다. 다만 수정보충이 없이 동일한 내용을 그대로 제출하여 평가받은 경우 윤리적 문제점을 일으킬 수 있다.

인용에 관심 두면 표절을 막을 수 있다

논문을 작성해나가는 과정에 선행연구를 많이 참고하게 되고 이러한 가운데 자기의 생각이나 주장을 문장이나 단어로 표현하게 된다. 이것이 순수 자기의 것인지 아니면 다른 연구자의 것인지 구분해보아야 한다.

이 경우 제정된 형식에 따라 서술하는 것을 인용이라고 한다. 인용에는 직접인용과 간접인용이 있다. 직접인용은 원문형태로 꼭 서술할 필요가 있을 경우나 인용할 내용이 2줄 이상일 때 한다. 이 경우 인용문은 (“ ”) 표시를 하며 인용문의 아래위는 1행씩 띄운다. 또한 문구를 일부 생략하였을 경우에는 (…) 표시를 한다. 인용문의 출처는 주석을 통해 밝힌다. 간접인용은 아래서 구체적으로 설명하겠지만, 흔히 쓰는 각주형식으로 한다.

주석은 왜 달아야 하나?

논문작성에서 주석을 달면 서술한 어떤 사실이나 개념 등에 대한 표절을 막을 수 있다. 주석을 통해 자신의 글에 도움을 준 사람에게 고마움을 표시할 수 있으며 서술한 내용이 자기의 것이 아님을 밝힐 수 있다.

주석은 본문에서 다루고 있는 내용을 뒷받침해 줄 수 있는 내용을 소개하기도 한다. 저자가 잘 알려지지 않은 어떤 사실에 대해 서술할 경우, 그 타당성을 입증할 수 있는 증거자료를 제시해야 되는데 이는 주석을 통해 이루어진다. 주석은 본문의 내용에 대해 확장가능성을 제시하는 데도 사용된다. 글을 쓰다가 관련된 내용을 더 설명할 필요가 있으면 주석으로 처리하기 때문이다.

주석은 논문의 어디에 다느냐에 따라 내주(內註)와 각주(脚註), 후주(後註)로 구분한다. 내주(reference citation in text)는 인용한 문장 뒤에 괄호를 치고 그 속에 저자명과 서술연도, 쪽수를 표시하는 방식(하버드대학 방식)이다. 예컨대 "권력의 몸에 대한 각인과 관련해(푸코, 1998: 25)는 …라고 서술하였는데" 라고 쓰였다면 이는 푸코가 1998년도 쓴 논문의 25쪽을 의미한다. 구체적으로 어떤 제목의 논문인가 하는 것은 참고서를 찾아보면 된다. 각주(footnote)는 인용한 문장 뒤에 숫자를 표시하고 이에 해당한 내용을 하단에 기입하는 방식(시카고대학 방식)이다. 후주(endnote, 미주라고도 함)는 인용한 문장을 각 장이나 절의 끝 또는 논문의 말미에 일괄적으로 기입하는 방식이다.

각주를 어떻게 달아야 하나?

각주는 문헌자료의 종류와 성격에 따라 양식에 차이가 있으나 일반적으로 『』와 " "의 형태를 갖고 있다. 여기서 『』 표시는 인용된 단행본이나 정기간행물, 저서 등의 제목을 표시하며 " " 표시는 단행본이나 저서 등에 들어 있는 세부제목을 나타낸다.

표 5.3 각주 표기의 일반적 형태

자료구분	내용
단행본이나 저서	저자, 『도서명』(지역: 출판사명, 출판년도), 쪽수.
간행물	저자, "연구제목," 『간행물명』, 권(호), 쪽수.
번역본	번역자, 『원 도서명』(지역: 출판사명, 출판년도), 쪽수.
학위논문	연구자, "논문제목," (학교, 학위종류, 논문제출년도), 쪽수.
학회자료	연구자, "논문제목," 연구학회명, 진행년월일, 쪽수.
신문기사	저자, "기사제목," 『신문명』, 출간년월일.
인터넷 사이트	사이트 주소(검색년월일).

(1) 단행본

단행본에서 각주는 아래의 기본형식에 따르는데 각 항목 사이는 쉼표(,)로 구분하고 마지막엔 마침표(.)를 찍는다.

박호성 편역,∨『루소사상의 이해』(서울:∨인간사랑,∨2009),∨73-78쪽.

Robert O. Keohane,∨*After Hegemony:*∨*Cooperation an Discord in the World Political Economy* (Princeton,∨N. J.:∨Princeton University Press,∨1984),∨p.∨73.

1) 저자명

저자명 뒤에는 쉼표(,)를 찍는데 독립된 특정저자가 없이 단체가 저술의 책임을 맡은 경우는 단체명이 저자명이 된다. 저자가 1인 이상 3인까지일 때는 통상 제시된 저자명을 모두 기재하는데 이름과 이름은 가운데 점(•)으로 구분한다.

서양서는 저자의 인원수에 따라 다르다. 2명이 공동저자로 서술하였다면 and(&)로 연결하고, 3명이 서술하였다면 처음에는 가운데 점(•)으로 연결하고 마지막에는 and(&)로 연결한다. 4인 이상이 집필에 참여하였다면 처음 올린 저자명만 적는다. 동양서는 "000 외" "000 등"으로 표시한다면 서양서는 et al. (et alibi = and elsewhere, et alii = and others) 또는 and others를 저자명 다음에 기재하여 단독저서가 아닌 공저임을 나타낸다.

> 김병욱・김영희,『탈북박사부부가 본 북한: 딜레마와 몸부림』(서울: 매봉출판사, 2013), 12-16쪽.
>
> Bruce Russett & Harvey Starr, *World Politics: The Menu for Choice*, 5th ed. (New York: W. H. Freeman & Company, 1996), p. 234.

2) 편저, 편역의 경우

서양서는 저자명 뒤에 쉼표(,)를 찍으며 국문서는 000 편(編) 또는 000 편역 등이라고 쓴다. 영문서는 ed.를 삽입하여 편저임을 표시한다. 영문의 편저자가 2인 이상일 경우는 복수로 eds.를 쓴다. 공동저서이면서 편저인인 경우에는 et al., and others와

eds.를 함께 쓰는 경우도 있다.

> 김달중, 편, 『외교정책의 이론과 이해』(서울: 오름, 1998), 65쪽.
> George Modelski, ed., *Exploring Long Cycles*(Boulder: Lynn Rienner, 1987), p. 40.
> Charles W. Kegley Jr. & Eugene R. Wittkopf, eds., *The Global Agenda: Issues and Perspectives* (New York: McGraw-Hill, 1992), pp. 69-70.

3) 역저의 경우

원저자 이름을 쓰고 반점 부호를 찍은 다음 역자를 표시한다.

> Paul Kennedy, *The Rise and Fall of Great Powers*, 이일수 역, 『강대국의 흥망』 (서울: 한국경제신문사, 1989), 16-18쪽.
> Anthony Giddens, 한상진 · 박찬욱 공역, 『제3의 길』(서울: 생각의 나무, 1998), 123-126쪽.

4) 출판사항

해당 논문이나 책의 출판사항은 (출판도시:∨출판사,∨년도) 순으로 적고 괄호로 묶는 방식으로 기입한다. 책 제목과 출판사항 사이는 쉼표로 구분하지 않는다.

> 김영희, 『푸코의 몸권력과 북한사회신체왜소』(서울: 인간사랑, 2014), 65쪽.

5) 인용한 페이지 표시

한 면만 인용한 경우에는 p.∨11.과 같이 표시하고 끝에 마침표를 찍는데 두 페이지 이상을 인용한 경우에는 pp.를 사용한다. 예를 들어 1쪽에서 13쪽까지 인용 하였다면, pp.∨10-13.과 같이 표시한다. 같은 서적의 10쪽과 13쪽에서 해당내용이 인용되었다면 pp.∨10,∨13.이라고 쓴다.

6) 한 개의 각주에 인용한 책의 표시

인용한 문장의 내용이 두 권 이상의 연구자료에서 찾아볼 수 있다면 세미콜론(;)으로 구분한다.

> 서대숙, 『현대북한의 지도자: 김일성과 김정일』(서울: 을유문화사, 2000). 202-223쪽; ∨김성철, "위기 속의 정치체계 변용과 그 전망," 『통일경제』, 제33권(1997), 17쪽.

(2) 논문

논문집 및 여러 논문을 편집한 단행본에서 특정한 논문만을 인용할 경우의 기본적인 기입 순서는 다음과 같다.

1) 단행본 수록 논문

저자,∨"논문명,"∨편저자,∨『서명』(출판도시:∨출판사,∨출판년도),∨p.∨쪽수.

2) 정기간행물수록 논문

저자,∨"논문명,"∨『학술지명』,∨출판권호(출판년월),∨p.∨쪽수.

3) 학위논문

저자,∨"논문명,"∨대학 및 학위논문명(학위년도),∨p.∨쪽수. 또는 "논문명"(대학 및 학위논문명,∨학위년도),∨p.∨쪽수.

4) 학술세미나논문

저자,∨"논문명,"∨『세미나 책자명(생략가능)』∨세미나명(개최년월일),∨p.∨쪽수.

① 논문명은 " "로 묶어 적는데 표제에 있는 대로 적고 역시 서명에 부제가 있을 때에는 주제 다음에 콜론(:)을 찍고 한 칸 띄우고 부제를 기입한다.

- 논문명을 다 쓰고 쉼표(,)는 " 앞에 해야 한다.

> 곽승지, "북한체제연구의 쟁점," 『현대북한 연구의 쟁점』(서울: 한울, 2007), 15쪽.
>
> Stephen Gill, "Hegemony," in Joel Krieger, ed., *The Oxford Companion to Politics of the World* (New York: Oxford University Press, 1993), pp. 385-386.

② 출판권호인 경우 일반적으로 제18권 3호(2011), p. 54. 같이 표시한다.

송석원, "니케이징, 중국잔류 일본인 고아, 자피아," 『국제이주문제 발표 자료집』, 제15호(2011), 129-131쪽.
정진영, "국제정치 이론논쟁의 현황과 전망," 『국제정치논총』, 제40집 3호(2000), 5-33쪽.

③ 영문인 경우 논문수록집 또는 잡지명을 이탤릭체(Italic)로 표시하고 정기간행물일 경우 Vol.과 No. 그리고 발행 시기(필요 시 계절명, 월명을 괄호 안에 포함)를 정확하게 기입해야 한다. 일반적으로 Vol. 43, No. 3(1988), p. 34. 형식으로 표시한다.

* Vol.과 No. 사이에 쉼표(,)는 통상 찍는 것으로 되어 있다.

Sebastian Mallaby, "The Bullied Pulpit: A Weak Chief Executive Makes Worse Foreign Policy," *Foreign Affairs*, Vol. 79, No. 1 (Jan./Feb. 2000), pp. 2-8.
Christopher Layne, "From Preponderance to Offshore Balancing: America's Future Grand Strategy," *International Security*, Vol. 22, No. 1 (Summer 1997), pp. 86-124.
Timothy J. Colton, "The Zhukov Affair Reconsidered," *Soviet Studies*, Vol. 29, No. 2(April 1977), p. 186.

(3) 잡지 및 신문인 경우

잡지는 가급적 저자와 제목을 쓰고 출판년월일을 정확히 명시해야 한다. 신문에는 저자(기자), 인용페이지를 생략할 수 있으나 가급적 기사의 제목은 제시하는 것이 좋다.

송문홍, "미 국가안보국(NSA)의 비밀," 『신동아』, 1997년 9월호, 208-225쪽.
Michael Rogers, "Software for War, or Peace: All the World' a Game," *Newsweek*, 9 December 1985, p. 82.
Cullen Murphy, "Women and the Bible," *Atlantic Monthly*, Aug. 1993, pp. 39-40.
J. Schwartz, "Obesity Affechs Economic Social Status," *The Washington Post*, 30 September 1993, A1, A3.

(4) 인터넷과 방송의 경우

저자와 제목, 인터넷 검색 주소를 적고 이어서 검색일을 기재한다. 인터넷 검색주소는 자료를 탑재하고 있는 홈페이지가 아닌 실제 그 자료가 보이는 전체주소를 상세하게 표시해야 한다. 방송은 일반적으로 방송국명과 방송일자를 적으며 필요 시 프로그램명과 방송일시를 표시한다.

Tom Brocken, "Neo-Liberalism and Globalization" (electronic bulletin board); http://www.spunk.org/text/places/peru /sp001701.html (검색일: 2002년 6월 20일).
『조선중앙방송』, 1988년 4월 23일.
"100분 토론: 북핵문제 해법," 『KBS1』, 2011년 4월 23일, 22:00-23:40.

인터넷으로 확인한 뉴스 기사는 온라인 매체명과 실제보도 날짜를 쓰고 이어서 검색주소를 명시할 때 세미콜론(;)으로 연결하며 마지막에 검색일을 기입한다.

"'정치적 군대' 중국 인민해방군," 『중앙일보』(인터넷판), 2012년 4월 25일; http://article.joinsmsn.com/news/article/article.asp?total_id=7989287 (검색일: 2012년 4월 27일).

논문은 주석과 동일하게 서술하고 이를 인용한 인터넷 주소는 세미콜론(;)으로 연결한 후 명시하는데 마지막에 검색일을 기입한다. 단 웹페이지 내에서의 페이지 확인이 불명확한 경우에는 인용위치(페이지)는 명시하지 않아도 된다.

유호선, "조선후기 유학자들의 불교관," 『불교평론』, 18호(2004); http://www.bud review.com/html/18/18-nondan-yoo-sun-ho.html (검색일: 2008년 6월 20일).

5) 반복된 주석의 표시

동일한 논문에서 두 번 이상 인용될 때 각주의 내용을 완전한 형식으로 매번 반복하지 않는다. 최초로 인용될 때는 완전한 형식으로 기재하나 그 다음부터는 간략하게 표시한다.

- 임영태 · 고유환, 『북한 50년사: 주체사상의 정립에서 김정일 시대까지』(서울: 들녘, 1999).
- 페이지가 같은 경우: 위의 책, 23-25쪽.
- 페이지가 다른 경우: 임영태 · 고유환, 『북한 50년사: 주체사상의 정립에서 김정일 시대까지』, 23-25쪽.

참고문헌을 보면, 논문수준을 알 수 있다

논문심사자들은 참고문헌만 보고도 논문의 수준을 평가한다. 그것은 논문의 목차가 올바로 세워졌다고 해도 이를 논증할 수 있는 참고문헌이 불충분하면 논문을 제대로 작성하기 어렵기 때문이다. 이러한 점에서 참고문헌은 논문작성자의 주장이 얼마나 신뢰성 있고 타당성 있게 전개되었는가를 판단할 수 있게 하는 기준이라 할 수 있다.

논문작성에 필요한 참고문헌은 자료의 ① 시기성, ② 전문가의 평가, ③ 공정성, ④ 수준 등을 고려하여 선정하여야 한다. 분야마다 다르지만 가장 최근에 나온 자료일수록 신뢰성이 높다. 전문가들의 평판이 좋은 참고서는 여기에 들어 있는 자료의 신뢰도가 높다고 볼 수 있다. 문헌연구에 필요한 신뢰성이 높은 자료를 얻으려면 이름 있는 출판사에서 나온 최신판에서 찾는 것이 좋다. 또한 근사한 실험결과를 얻으려면 최근에 나온 논문에서 찾는 것이 좋다. 연구가 많이 진척된 연구임에도 2차나 3차 자료가 참고문헌으로 많이 제시되었다면, 신뢰성이 낮은 논문이라 할 수 있다.

참고문헌은 원전을 의미하는 1차 자료와 1차 자료를 출처로 이용하는 논문, 학술지, 전문서적 등 2차 자료, 2차 자료를 인용하여 서술한 백과사전이나 교과서, 일반잡지, 대중서 등 3차 자료 순으로 배치한다. 노련한 심사자일수록 논의의 폭과 깊이, 논의의 한계 등을 참고문헌을 보고 평가한다.

참고문헌을 어떻게 작성할 것인가?

참고문헌에는 본문에서 인용한 문헌만 제시한다. 참고문헌에 대한 작성은 각주와 유사하다. 차이점은 자료 내의 반점(,)을 온점(.)으로 바꾸고 괄호를 없앴으며 당연히 쪽수를 밝히지 않은 것이다.

표 5.4 참고서 표기의 일반적 형태

자료구분	내용
단행본이나 저서	저자, 『도서명』, 지역: 출판사명, 출판년월일.
간행물	저자, "연구제목" 『간행물명』, 권(호).
번역본	번역자, 『원 도서명』, 지역: 출판사명, 출판년월일.
학위논문	연구자, "논문제목,", 학교, 학위종류, 논문제출년도.
학회자료	연구자, "논문제목", 연구학회명, 진행년월일.
신문기사	저자, "기사제목" 『신문명』, 출간년월일.
인터넷 사이트	사이트 주소(검색년월일).

(1) 일반 서적과 단행본

참고문헌을 작성하는 기본양식은 본문에서와 다른데 각주에서의 쉼표 대신 마침표가 사용되고 괄호가 없어진다.

☞ 저자명,∨『참고문헌명: 부제』,∨출판도시:∨출판사,∨출판년도.

윤대규,∨『북한에 대한 불편한 진실』, 서울:∨한울아카데미,∨2013.
Lopez, Juan J.∨Democracy Delayed: The Case of Castro's Cuba.∨Baltimore:∨The Johns Hopkins University Press,∨2002.

한글이나 한자, 일본어로 된 저자명은 가나다순으로 하되, 서양문헌의 저자명은 알파벳순으로 배열한다. 다만, 각주와 달리 참고문헌에서 영문저자명은 성(last name)을 먼저 쓴다.

같은 저자의 문헌인 경우, 출판연도가 최근 순서인 것부터 배열하며 한 줄을 넘어갈 경우 각 문헌의 둘째 줄(行)부터는 국문 3글자 정도 들여쓰기를 하여야 한다. 동일한 저자명은 공란(국문 3글자 정도 들여쓰기와 동일하게 하는 것이 좋다)을 아랫줄로 표시하여야 하는데 저자명이 길다고 아랫줄을 길게 하지 말아야 한다.

Suh, Dae-Sook, Kim Il Sung: The North Korean Leader, New York: Columbia University Press, 1988.

* 동일저자의 참고문헌이 여러 개일 경우 최근 출판년도나 가나다순으로 하나의 방식으로 통일하면 된다.

저자가 1~2명인 경우 이름을 모두 밝히고 이름 사이에 점(•)으로 구분한다. 일부에서 저자가 3인 이상일 때는 000 외, 000 et al.로 표시, 영문인 경우 첫 번째 저자만 성, 이름 순으로 하고 나머지는 각주와 동일하게 이름, 성 순으로 하는데 저자가 없는 문헌은 문헌 제목을 저자 위치에 표시하기도 한다.

(2) 논문

논문의 기본적인 양식은 동일한데 논문명을 " "로 표시한다.

☞ 저자명,∨"논문제목" 『학회지명』,∨제권호,∨출판년도.

1) 학술지나 기타 정기간행물에 게재된 논문의 예

박형중. “북한은 왜 붕괴도 개혁개방도 하지 않았을까?,” 『현대북한연구』, 제16권1호, 2013.

Odom, William E., “A Dissenting View on the Group Approach to Soviet Politics,” *World Politics*. Vol. 28, No. 4, 1976.

2) 단행본에 게재된 논문의 예

박호성, “한국 민주주의의 전개와 평가,” 조기숙 · 정태호 외 지음, 『한국의 민주주의 어디까지 왔나: 성과와 과제』, 서울: 인간사랑, 2012.

함택영, “북한의 군사정책과 군사력,” 박재규 편, 『새로운 북한 읽기를 위하여』, 개정증보판, 서울: 법문사, 2007.

Colton, Timothy J. “Perspectives on Civil-Military Relations in the Soviet Union.” Timothy J. Colton, and Thane Gustafson, eds. *Soldiers and the Soviet State: Civil-Military Relations from Brezhnev to Gorbachev*. Princeton, N. J.: Princeton University Press, 1990.

* 하나의 단행본에 게재된 논문이 여러 개인 경우 별도로 구분하지 않고 한 권의 단행본으로 처리한다.

3) 학위논문의 예

학위논문의 양식은 일반 논문과 유사하게 논문명을 “ ”로 표시한다.

☞ 저자명.∨“논문제목,” 대학교 학위논문유형, 출판년도.

김영희, "북한사회 신체왜소 연구: 발생동학과 지속메커니즘을 중심으로," 동국대학교 박사학위논문, 2013.
정은찬, "북한의 경제적 불평등에 관한 연구," 경북대학교 박사학위논문, 2012.

논문의 분량과 장의 쪽수, 어떻게 잡을 것인가?

학위논문의 분량은 학위종류에 따라 다르다. 이는 논의 수준과 관련되는데 박사학위논문은 석사학위논문에 비해 논의가 깊고 폭이 넓은 것만큼 분량이 많다. 석사논문은 70~120매 정도, 박사논문은 120~250매 정도의 논문이 많다. 논문의 분량은 학위종류와 무관하게 연구방법에 따라 다르다. SPSS프로그램을 비롯한 양적연구에 의거한 연구논문은 문헌조사를 비롯한 질적연구방법을 적용한 논문에 비해 논문의 분량이 적다.

학위논문심사는 대체로 2.5~3개월 기간에 끝나므로 심사에서 제기된 의견에 따라 새로운 장을 전개할 수 있는 시간이 절대적으로 부족하다. 논문심사단계에서 새로운 장을 추가하는 것보다 논문분량의 축소 및 재배치 등이 이루어지도록 준비하는 것이 좋다. 대부분의 논문을 보면 심사단계에서 작성한 논문의 1/3 이상은 축소되므로 심사에 앞서 논문전체의 분량이 많다고 할 정도로 준비하는 것이 좋다.

논문에서 서론과 본론, 결론이 차지하는 비중은 어떠한 유형의 학위논문인가 하는 것에 관계된다. 분석 위주형 논문인가 아니면 정책방안 위주형 논문인가에 따라 다른데, 전체 몫을 100이라고 한다면 분석 위주형 논문은 서론이 20, 본론이 70, 결론이 10 비중을 차지하고, 정책방안 위주형 논문은 서론이 10, 본론이 60, 정책제안과 합하여 결론이 30의 비중을 차지한다.

논문에서 표의 사용법

연구과정에서 특정 사안이나 결과를 표로 나타내면 해당 주제에 대한 이해를 분명히 할 수 있다. 이 경우 표의 제목에는 나타내려는 대상 그리고 이것과 관련된 정보가 숫자나 단어로 표시된다. 표는 ① 연구결과를 한정된 공간을 통해 함축적으로 상세히 드러낼 필요가 있을 때, ② 데이터 관계를 비교할 필요가 있을 때 등에 활용된다.

한편 논문에서 표를 작성할 때 어떠한 요인이나 변수 혹은 내용을 가로 혹은 세로줄에 놓는가 하는 문제가 제기된다. 대체로 표의 가로줄에는 독립변수나 이와 관련된 주된 요인, 세로줄에는 종속변수나 이에 따른 부차적인 요인을 배치하면 독자들이 이해하기가 쉽다. 변수가 주어지지 않는 경우, 가로축에는 가급적이면 시간적 배열이나 순서를 넣는 것이, 세로축에는 항목이나 아이템 등 배치하는 것이 보기 좋다.

표 5.5 표에서 내용의 배치

구분	· 종속변수(부차적 요인) · 시간이나 순서상황	비고
· 독립변수(주되는 요인) · 항목이나 아이템	-	-

표와 그림에 제시한 결과를 본문에 반복하여 기술하는 것을 삼가해야 한다. 표에는 전반적인 내용을 제시하고 본문에는 중요한 통계치나 특별한 사안을 글로써 지적해야 한다. 표에 지적된 내용을 서술할 때는 가치판단을 배제하고 결과만을 냉정하게 기술해야 한다.

표에서는 될 수 있는 한 가로선과 세로선을 넣지 않는 것이 보기 좋다. 표에서 조사하지 못한 부문은 "-"으로 밝히고 그 원인을 밝혀야 한다. 강조되어야 할 행이나 열, 셀에 색깔을 연하게 넣어주면 시각적 효과를 통해 이해력을 높일 수 있다.

논문요약과 핵심어

대부분의 독자들은 논문요약을 읽고 해당논문을 구체적으로 혹은 특정부문만 읽어볼지 결정한다. 그만큼 논문요약은 논문작성에서 가장 잘 서술해야 하는 부분이다. 논문요약에는 짧은 요약과 긴 요약이 있다.

짧은 요약이나 긴 요약을 막론하고 필수적으로 들어가야 할 부분이 있다. 연구가 특정 이론에 기초한 것이라면, 유형을 불문하고 요약에 그 이론을 제시해야 한다.

일반적으로 요약에는 다음의 내용이 들어가야 한다.

첫째, 무엇을 연구하였는가? 연구목적과 주제, 배경을 설명한다.
둘째, 어떻게 연구하였는가? 연구방법과 과정을 설명한다.
셋째, 어떠한 연구결과를 얻었는가? 연구결과를 함축적으로 서술하며 필요에 따라서는 결과의 중요성과 의미를 설명한다.

표 5.6 논문요약의 유형과 특징

유형	필수적인 서술	기타 서술
짧은 요약	· 연구목적 · 가장 중요한 연구방법 · 강조해야 할 연구결과	–
긴 요약	· 연구배경 · 연구목적과 방법 · 연구결과	· 시사점이나 연구에 따른 기대효과 · 후속연구과제

논문요약뿐만 아니라 일명 키워드라고 하는 핵심어를 잘 선정해야 한다. 핵심어는 독자들을 원하는 논문에로 안내하는 역할을 수행한다. 핵심어를 통해 도서관이나 인터넷 사이트에서 자료를 쉽게 찾을 수 있다. 논문의 핵심내용은 5개 안팎의 단어나 문구로 표현된다. 논문요약이 몇 개의 문단을 통해 논문전반을 파악할 수 있게 한다면 핵심어는 대여섯 개의 단어를 통해 이러한 효과를 얻을 수 있게 한다.

PART III

논문을 빨리 작성하려면

총론적으로 본 논문작성 과정

그대는 논문을 빨리 쓰고 싶지 않은가? 필자가 터득한 바로는 열정이 부족해서가 아니라 요령을 터득하지 못해 앉아 뭉개는 경우가 적지 않다. 이곳의 내용을 읽고 쓰고자 하는 주제에 대한 전반적인 모습을 그려 보라.

| CHAPTER 06 |

조각가와 논문작성자의 만남

인물상 창작의 6단계

그리스 조각가 미론(Myron, BC 470~BC 440년)이 제작한 "원반 던지는 사람"은 현 시대에도 여전히 스포츠 미술의 백미로 평가되고 있다.

원반을 던지려는 순간 인간의 몸 상태 변화를 긴장된 부분과 이완된 부분이라는 상반된 근육질의 대조를 통해 섬세하면서도 생동하게 그려냄으로써 스포츠맨의 강렬한 역동성을 느낄 수 있게 한다.

인물상 조각가는 어떠한 유형의 작품이든 대체로 다음과 같은

6단계의 창작과정을 거쳐 제품을 완성한다. ① 주제선정, ② 골격세우기, ③ 골격에 살 붙이기, ④ 초벌완성, ⑤ 휴식, ⑥ 개성 강조를 통한 최종완성 단계의 순서이다.

주제선정은 창작의 첫 단계로 조각가가 어떠한 개성을 가진 인물화를 창작할 것인지에 관심을 가지는 단계이다. 다음 단계인 골격세우기에서는 인물의 연령대와 성별, 신장의 크기에 따라 기본적인 틀이 만들어진다. 여기에 살이 붙여지고 이러한 과정을 거쳐 초벌이 완성된다. 이 단계를 지나 조각가는 휴식을 취하게 되고 휴식 후 초기의 의도대로 만들어졌는지 새로운 시각에서 살피면서 미진한 부분을 수정한다. 이어서 조각 작품의 특징을 강조하고 완성하기 위한 최종완성 단계에 들어가게 되는데 이를 통해 인물상이 창작된다.

인물조각상 창작과 논문의 집필과정

위에서 설명한 인물상 조각가의 창작과정은 논문작성자의 집필과정과 유사하다. 차이가 난다면, 작업수단과 표현기법이다. 목공조각가는 조각칼이나 목공공구로 나무를 가공하고, 석공조각가는 돌을 가공할 수 있는 공구로 석고나 돌을 가공하여 인물상을 만들어낸다. 논문작성자는 컴퓨터를 다루면서 문자와 각종 언어표시 수단을 통해 논문을 작성한다. 즉 논문작성자는 조각가와 유사한 6단계를 밟아 논문을 완성한다.

표 6.1 조각가의 창작과정과 논문작성자의 논문집필 과정

구분	조각가	논문작성자
1단계	인물화의 주제선정	논문의 주제선정
2단계	골격구조 세우기	목차 구성
3단계	골격에 살 붙이기	자료수집 및 줄거리 세우기
4단계	인물화 초벌 완성	초고 완성
5단계	휴식	휴식
6단계	인물의 개성 드러내기	집필 완성

인물조각가의 창작과정과 논문작성자의 집필과정을 구체적으로 보자.

논문작성에 앞서 인물상 만들기 1단계에서와 같이 주제탐색이 이루어진다. 2단계에서 골격이 세워지는 것과 같이 논문작성의 2단계에서도 유사한 작업이 이루어진다. 즉 전반적 논문작성을 위한 순서라 할 수 있는 목차가 완성된다. 3단계에서는 뼈대가 세워진 조각작품에 살이 붙여지는 것과 같이 논문작성에 필요한 자료가 수집되고 세워진 목차의 장이나 절에는 서술하게 될 기본적인 줄거리가 세워진다. 4단계에 들어 조각가가 의도한 조각 작품의 면모가 드러나듯이, 논문작성에서도 이 단계에 들어 초안이 완성된다. 초벌이 완성된 논문은 지도교수나 관련 연구자, 선배에게 코멘트를 부탁하는 것이 좋다. 서론에서 반드시 놓치지 말아야 할 부문이나 본론에서 밝혀져야 할 부분, 결론에서 강조해야 할 내용 등을 본인이 제대로 찾아내기 어렵다. 특히 논문에서 다뤄지고 있는 개념의 정의나 표현 등에서 수정해야 할

부문이 적지 않을 수 있다.

논문작성에서 5단계는 적극적 혹은 소극적 휴식 단계라 할 수 있다. 논문이 초보적으로 완성되면 2~3일간 소설을 읽거나 영화보기, 스포츠 등 소극적인 휴식을 취하거나 6~7일간 여행을 떠나는 등 적극적인 휴식이 필요하다. 이러한 휴식은 일련의 난제가 제기되었을 때도 필요하다. 예컨대 논문을 쓰다가 사고가 뒤엉켜 생각이 잘 떠오르지 않을 때나 어떤 문제로 인해 막힐 때를 들 수 있다. 이때는 논문과 무조건적으로 거리를 둘 필요가 있다. 논문을 잠시 잊고 다른 일이나 취미에 집중하면 문제점은 잠복기에 들어가고 그 동안 생각이 정리되어 새로운 아이디어로 연결될 수 있다. 이는 맛있고 소화가 잘 되는 빵을 위해 발효과정을 거치는 것과 같은 이치이다. 빵을 발효시키기 위해서는 효모라는 첨가제를 넣어 이것에 의해 화학반응이 충분히 일어나도록 일정시간 보장해야 한다. 휴식기간에 심신을 가다듬으면 원기가 되살아나므로 뇌의 활동이 촉진되고 휴식 후에 논문을 들여다보면 주관적 욕망으로 인해 편중된 문제의식을 쉽게 발견할 수 있다. 휴식을 즐기는 과정에 여행지에서 목격하였거나 책에서 본 내용이 논문의 질적수준을 높이는 새로운 아이디어로 떠오르는 경우가 적지 않다. 이러한 측면에서 5단계는 논문작성의 연속적인 과정이라 볼 수 있다. 조각가가 6단계에서 인물의 개성을 분명히 드러내어 작품을 완성하는 것처럼 논문집필도 이와 유사하다. 논문작성자는 이 단계에서 논문이 제대로 씌어졌는가를 꼼꼼히 체크하는데, 일부 경우 이 단계를 대충 거치는 경우가 많다. 좋은 논문은 초고를 쓰는 것보다 수정하는 데 많은 노력이 들어가기 때문에 6단계를 실속 있게 마무리해야 논문을 훌륭하게 완성해 낼 수 있다.

논문을 많이 게재해 본 사람들은 어떤 주제에 대해서도 위에서 제시한 6단계를 무의식적으로 반복한다. 학업능력을 막론하고 회사 일에 쫓기는 논문자일 수록 이러한 집필단계에 습관을 붙이는 것이 중요하다. 그렇게 되면 논문작성이 효율적으로 이루어져 빠른 기간 내에 일정수준의 논문을 완성할 수 있다.

| CHAPTER 07 |

논문작성자와 논제의 만남

경로 상에서 본 논문작성 과정

모든 논문은 경로 상 측면에서 문제제기 혹은 가설설정 단계로부터 시작해 자료수집 단계, 분석 혹은 가설검증 단계, 결론 혹은 정책대안 발굴 단계를 거쳐 완성된다.

작성자는 먼저 현실경험에 근거해 연구문제 혹은 가설을 설정하게 되는데 연구문제나 가설은 의문문의 형태를 가진다. 제시된 문제나 가설은 이론적 배경에 대한 논의를 통해 더욱 명확해진다. 다음 단계에서는 이를 해명 혹은 검증하기 위한 자료작업이 진행된다. 수집된 자료에 근거해 분석이 진행되는데 이를 통해 원인이 밝혀지거나 가설이 검증된다. 마지막 단계에서는 결론을 이끌어내거나 이에 따른 정책대안이 제시된다.

어떠한 유형의 논문(분석 위주형 혹은 정책방안 위주형)이든 이러한 경로를 반드시 거치게 된다. 논문작성자는 이러한 과정에 상응하게 일정을 계획하거나 자원을 배분하는 등 자기 나름의 전략을 구상한다.

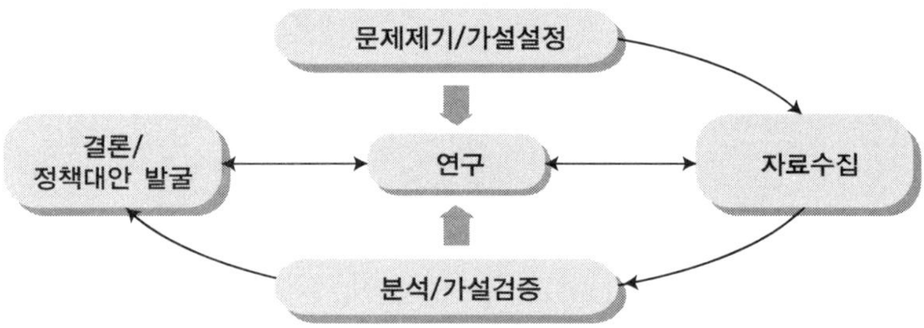

그림 7.1 경로 상에서 본 논문작성 과정

사례를 통해 본 논문의 완성과정

한반도에서 북한주민들의 신장은 옛날부터 작았는가? 그렇지 않다.

1881~1920년 동안 한반도 사람들의 신장을 북쪽 지역, 중부 지역, 남쪽 지역으로 구분하여 비교한 자료나 1940년대 조선총독부의 자료를 보면, 남한주민에 비해 북한주민 성인의 신장이 남녀를 불문하고 평균적으로 1~2 cm 더 컸다. 그러나 광복과 더불어 오늘날 역전되었다. 이러한 현상은 통독 전 동서독에서도 찾아볼 수 있다. 즉 사회주의 체제운영하에 있던 동독주민들의 신장이 통독과 더불어 서독주민을 따라가는 경향이 발견되고 있다. 이와 관련해 국가권력이 사람의 신장변화에 어떠한 영향을 미치는 것인가? 북한주민의 신체왜소를 몸에 대한 권력의 각인으로 볼 수 있지 않겠는가? 하는 의문이 제기된다.

이러한 의문을 주제로 논문이 완성되어 가는 과정을 살펴보자

논문의 시작은 북한의 사회현상이나 기존연구에 대한 고찰을

통해 문제점을 발견하는 것으로부터 시작된다. 앞서 서술하였듯이 북한주민의 신장이 왜 작아졌는지에 대한 의심이 제기되면서 이것이 북한의 식품정책에 따른 국가권력의 작용에 의해 발생하는 문제가 아닌지 이를 밝혀보겠다는 탐구심이 발동한다. 문제점이 발견되면 이를 객관적으로 심도 있게 설명할 수 있는 이론을 발굴하는 작업이 제기된다. 가장 유력한 것이 푸코가 내놓은 권력의 몸에 대한 각인이다. 그는 근대권력이 영토와 그 부속 영역에만 영향력을 행사하였던 지난 시기와 달리, 인간의 몸과 그 작용에 집중한다고 하면서 권력이 행사되고 작용하는 지점은 개인이 아니라 몸이라고 강조하였다. 사람은 권력에 의해 규정된 행동양식을 따르게 되는데 규정된 행동양식은 사람의 머리뿐 아니라 몸에도 각인된다. 이를 통해 푸코의 몸·권력론을 본 주제에 적용할 수 있다는 것을 알게 된다. 그러나 이것을 실제로 써먹을 수 있겠는가 하는 것은 다른 문제이다. 푸코의 몸·권력론을 북한주민 신체왜소에 적용할 수 있는가 하는 것부터 검토해 보아야 한다.

푸코의 몸·권력론이 작동환경이나 방식에서 차이가 있지만, 적용할 수 있다는 것과 함께 유의할 점이 밝혀지면 이를 통해 논문을 전개해 나가게 된다. 논의를 통해 개별적 주민이 아닌 전반 주민이 신체왜소적 경향을 나타낸 것은 선천적 요인이 아닌 후천적 요인으로서 국가권력의 작용에 의한 것임을 밝혀낼 수 있다.

논문이 완성되어 가면서 20세기 대기근을 겪은 구소련과 중국에 비교하면 왜 북한에서만 신체왜소가 발생하였는가 하는 의문이 제기된다.

위와 같은 의문이 제기되면 첫째, 연구문제를 구체화해야 한다. 연구문제로는 두 가지를 찾을 수 있다. 하나는 왜(why) 발생하였는가 하는 것이고 다른 하나는 어떠한(how) 과정을 통해 발생하였는가 하는 것이다. 신체왜소가 왜 발생하였는가 하는 것에 초점을 둔 논문이라면 이와 관련된 연구문제를 구체화해야 한다. ① 부족경제운영으로 인해 발생, ② 식품생산에 대한 당국의 무관심으로 발생, ③ 식품부족에 대한 주민들의 대응부재로 인해 발생, ④ 시장의 식품수요 보장기능에 대한 당국의 억제로 인해 발생, ⑤ 식품부족에 적응시키려는 당국의 대책 등이 있을 수 있다. 둘째, 위의 연구문제에 영향을 주는 요인과 요인들의 위계관계 혹은 독립변수와 종속변수를 정해야 한다. 위의 연구문제에 따르면, 독립변수는 식품부족 환경에 대한 당국의 대응이며 종속변수는 그 결과로 발생한 전반 주민의 신체왜소이다. 자국 내 식량이 부족하고 대기근이 발생하였다 하여 어느 나라에서나 전반 주민을 대상으로 신체왜소가 발생하지 않았다. 이는 중국과 구소련의 당시의 상황에 비추어 설명할 수 있다.

북한에서 대기근은 1990년대 초에 발생하였지만, 당국은 이미 1970년대부터 식품부족의 환경에 주민들이 적응력을 갖도록 하는 데 관심을 두어 왔다. 이러한 대책으로 1970년대 애국미, 전쟁비상미 준비 등에 따른 배급량의 축소, 1980년대 성별에 따른 배급인원의 축소 등을 들 수 있다(김영희, 2013).

북한당국이 시장을 통해 식품부족을 해결할 수 있는 기회를 억제하지 않았어도 신체왜소가 확산되기는 어려웠을 것이다. 이러한 점을 고려하여 상수 즉, 일정한 량으로 고정된 변수가 정해진다. 여기서 상수는 북한지역에서의 절대적인 알곡생산량 부족이다.

신체왜소 발생 = f (당국의 대응) + C (상수: 식품부족량)

이 경우 다음의 가설이 성립된다.

첫째, 주민들을 식품부족의 환경에 적응시키려는 당국의 대책이 있는 나라와 그렇지 않은 나라에서는 대기근 발생 시 신체왜소 발생 측면에서 차이가 있을 것이다.

둘째, 주민들을 식품부족의 환경에 적응시키려는 당국의 대책이 있는 나라는 그렇지 않은 나라에 비해 대기근 시 신체왜소 발생이 필연적일 것이다.

위의 가설이 세워지면 이를 밝히기 위한 구체적인 계획이 세워져야 한다. 이러한 내용에는 당국이 어떠한 대책을 실시하였는가? 그 효과는 어느 정도인가? 등이다. 이를 보통 연구설계라 한다. 연구설계가 이루어지면 자료수집과 구분에 따른 분석이 이루어진다. 이러한 과정을 통해 논문이 완성된다.

표 7.2 논문의 전개과정

비고	구분	전개형식
1단계	문제점 발견	서론
2단계	설명에 필요한 이론모색 (이론의 유용성 발견)	이론적 배경
3단계	선정된 이론의 적용가능성 검토 (적용의 유의점)	
4단계	이론을 통한 설명	본론
5단계	발견된 현상에 대한 논의	
6단계	주장	결론

| CHAPTER 08 |

논문을 빨리 작성하기 위한 요령

개조식과 서술식에 대한 이해

정부부처에서 사용하는 보고서는 개조식으로 서술한 경우가 많다. 그것은 개조식이 서술식에 비해 간결하고 명료한 쓰기로 짧은 시간에 내용을 파악하기 때문이다.

개조식은 핵심내용을 명사화하여 간결하게 쓰는 형식인데, 우리가 일반적으로 쓰고 있는 서술식 글쓰기에 비해 문장의 시작이나 형태, 끝을 맺는 데서 차이가 있다.

개조식은 문장과 문장이 독립된 형태로 시작되기 때문에 논리적으로 잘 이어지지 않으면 서술식에 비해 이해하기 어렵다. 그러므로 '한편', '다만', '특히'와 같은 연결조사나 접속사를 사용하여 문장을 자연스럽게 이어주는 것이 좋다. 또한 문장내용에 따른 종속관계를 나타내기 위해 하위범주에 속하는 문장부호를 쓰거나 한줄 들여쓰는 것과 같은 방법을 구사해야 한다.

표 8.1 개조식과 서술식

구분	개조식	서술식
문장 시작	· 특수문자나 숫자를 붙인다. · 문장 들여쓰기 하지 않는다.	· 특수문자나 숫자 표시 없다. · 문장 들여쓰기 한다.
문장형식	해당 내용의 핵심키워드를 조사 없는 명사로 표현한다.	주어, 서술어 등 문장구성에 필요한 모든 품사로 표현한다.
문장 끝맺기	· '무엇'이라는 명사나 '어떻게 한다' 등의 동사로 표현한다. · 마침표나 물음표 등이 없다.	· '무엇이다' 혹은 '어떻게 되었다' 등의 동사로 표현한다. · 마침표가 있다.

논문작성의 첫 시작은 개조식 쓰기로

필자는 논문을 빨리 쓰기 위해 대략적인 목차를 세운 다음 본격적으로 써내려가는 학생들을 목격하곤 한다. 이러한 방법이 틀렸다고 볼 수는 없으나 페이지가 늘어날수록 유사한 문제점에 직면하는 것을 보게 된다. 즉 논점에서 벗어나거나 중복서술이 이루어지며 제 자리에서 맴도는 것이다. 본격적으로 써내려가고 싶은데 집중이 되지 않고, 생각과 행동이 일치하지 않는 데서 나타나는 현상이라 볼 수 있다. 이를 해소할 수 있는 효율적인 방법이 없을까?

논문의 목차를 따라가며 '핵심 줄거리'를 세워놓고 그 밑에 해당 사안을 개조식으로 조금씩 써넣은 다음 본격적인 논문작성에 들어갈 것을 권고한다. 예컨대 탈북학생들의 중도탈락율을 막기 위한 방도로 일반학생과 또래친구 관계를 활성화하기 위한 논문을 쓴다고 하자. 이 경우 친구맺기에서 제기되는 문제에 대한 핵심줄거리를 아래와 같이 개조식으로 쓸 수 있다.

또래친구 문제

친구맺기에서 제기되는 문제

○ 북한출신 학생의 성격상 특징
- 직설적 표현으로 인해 일반학생의 오해 증가
- 한번 친구는 영원한 친구, 친구에 대한 집착

○ 북한출신 신분공개에 따른 어려움
- 북한출신 신분이 공개될 수 있다는 불안감
- 친구인 일반학생과 멀어지면 왕따가 될 수 있다는 두려움

○ 일반학생의 친구관계에 대한 불명확한 태도
- 친구가 북한출신 학생이라는 것을 부담스러워 함
- 친구임에도 다른 학생과 다툼 시 관망하는 경우가 있음

그림 8.1 핵심 줄거리

본격적인 논문작성에 앞서 '핵심 줄거리'를 만들어 놓고 개조식으로 써내려가면 다음의 측면에서 좋다.

첫째, 해당 사안에서 서술할 내용이 분명하다. 이로 인해 서술하는 데서 품이 많이 드는 대상과 그렇지 않은 대상을 쉽게 구분할 수 있다. 서술내용의 특성에 따른 시간배분이 가능한데 논문작성에 드는 시간을 효율적으로 조절할 수 있다.

둘째, 서술할 내용의 전체상을 살펴볼 수 있다. 다시 말해 해당 장이나 절에서 서술될 내용을 한눈에 알아볼 수 있다. 해당 주장에 미치는 요인들의 영향력과 위계관계를 시각적으로 밝혀낼 수 있다. 따라서 복합적인 원인이나 사실이라도 범위가 작으

므로 쉽게 다룰 수 있다.

셋째, 해당 주제에 대한 기억의 되살림 효과를 높일 수 있다. 직장인들이나 연장자들은 상대적으로 기억효과가 높지 않은 환경하에서 논문을 작성해야 한다. 그러므로 기억의 되살림에 적지 않은 시간이 소비된다. 개조식은 대상의 의미를 쉽게 파악할 수 짧은 단어나 집약적인 문장구조로 이루어져 있어 짧은 시간에 기억 되살림 효과를 얻을 수 있다.

개인적인 뇌활동 특성을 이용하자

논문작성은 사색이 집중적으로 이루어질 수 있는 환경에 처한 경우 효과가 높아진다. 이는 뇌활동의 특성과 관련된다. 사람의 뇌는 특정한 조건을 제외하고 학업에 일정시간이 집중해야 지난 기간의 학습 자료와 연계되어 새로운 아이디어 창출이 가능하다. 회사에 다니는 논문작성자들이 휴가를 내거나 심지어 하던 일을 그만두고 논문작성에 전념하는 것은 이러한 이유 때문이다.

양적 축적을 통해 질적인 변화가 발생한다. 이는 물이 끓으려면 100도가 넘어야 수증기라는 기체로 변화되는 것과 같은 이치이다. 회사와 학업을 병행하는 직장인들 일수록 최소 4시간 이상 사색의 연장기회를 만드는 것이 중요하다. 방법은 주말에는 집중적으로 논문을 구상하고 평일의 짬 시간을 이용해 써나가는 습관을 키우는 것이다. 이와 함께 개인적 특성에 따라 뇌활동이 집중되는 시간, 생체의 리듬적 특성을 잘 이용해야 한다. 아침형 인간과 저녁형 인간이 있듯이 사람마다 뇌활동이 집중되는 시간이 차이나는 것만큼 서술되는 내용의 성격에 따라 시간배분을 달리 하는 것도 하나의 방법이다.

논문을 작성하다 보면 매개 장별로 진척되는 수준이 다르다. 이는 논의에 필요한 자료가 불충분하거나 주변환경 문제로 생각이 잘 떠오르지 않기 때문이다. 그러므로 해당 논제의 시작부분과 진행 중인 부분, 마감부분에 따른 생체의 리듬적 특성을 고려한 시간배분이 필요하다. 새로 시작하는 부분은 해당 논증에 필요한 전반적 그림이 그려져야 한다. 따라서 뇌활동이 가장 활발히 진행되는 시간에 하는 것이 좋다. 진행 중인 부분은 그 다음에 하며 마감 부분은 뇌활동이 상대적으로 피로한 시간에 하는 것이 효율적이다. 새로 시작하는 부문을 아침형 인간은 새벽시간에, 저녁형 인간은 저녁시간에 하는 것이 효율적이라 할 수 있다.

표 8.2 뇌 활동 특성에 따른 시간배분

구분	서술의 특징	사색의 유형
시작	새로 써야 할 내용	장시간 걸친 사색
진행 중	서술 중에 있거나 재검토 하려는 것	사색
마감	간단한 정리 혹은 시간나는 대로 서술하려 한 것	짧은 사색

이밖에도 시간대에 따라 그 시간에 써야 할 내용이 다른 것과 중첩되지 않도록 해야 한다. 인간의 뇌는 한 가지 활동을 집중적으로 하는 경우 효율적으로 기능한다. 예컨대 새벽 시간대에는 1장의 1절 부분을, 저녁시간대에는 5장의 2절 부분만 쓴다는 식

으로 일감을 명확히 구분하여 진행한다면 책임감이 커져 미루려는 경향을 극복할 수 있고 해당 시간내에 집중도를 높일 수 있다.

편집용지에 맞추어 놓고 시작하자

대학들에는 논문 제출과 관련된 학칙이 있다. 이에 무관하게 논문을 써 내려가면 논문이 완성될 무렵에 와서 대학이 요구하는 학위논문 집필형식에 맞추어 용지규격이나 장, 절의 글자크기, 문단간격을 수정하여 제출해야 하는 번거로움이 제기된다. 내용이 늘어남에 따라 해당 내용을 찾기 위해 목차의 쪽수를 지속적으로 수정해야 하는 작업도 제기된다. 논문작성에서 이러한 불필요한 과정을 없애려면 편집용지에 맞춰놓고 시작하는 것이 좋다. 대학마다 논문작성에 대한 형식이 약간 다르므로 이를 확인하고 집필에 들어가는 것이 효율적이다.

필자는 자료 모으기를 진행한 다음 집필에 들어가는 경우를 목격하곤 한다. 경험에 따르면 자료 모으기와 논문의 줄거리 서술을 동시에 진행하는 것도 하나의 방법이다. 그것은 집필과 자료 모으기가 병행되지 않고는 자료 모으기가 목적지향성 있게 진행될 수 없고 집필과정에 해당 내용에 대한 재확인, 수정보충 등을 통한 반복 작업이 이루어질 가능성이 크기 때문이다.

'써야 할, 쓰고 싶은, 쓸 수 있는 것'을 구분하자

학위논문 심사과정을 보면, 심사자들이 특정내용을 논문에서 상당히 삭제할 것을 요구하는 경우가 적지 않다. 삭제하는 것이 아쉬우면 학위논문에는 쓰지 말고 저서에서 인용하라고 권고하기도 한다. 이런 상황에 직면하면 논문초보자는 누구나 한 번 쯤 이런 생각을 하게 된다. '나는 이것을 꼭 넣고 싶은데 왜 심사자들은 빼라고 할까? 많은 품을 들여 얻어내었고 작성한 내용인데 왜 필요 없다고 할까?' 이는 논문작성자가 쓰고 싶은 내용을 서술한 것에 대한, 다시 말해 '써야 할 것', '쓰고 싶은 것', '쓸 수 있는 것'을 제대로 구분하지 못한 것에 대한 지적이라 할 수 있다.

논문작성에서 써야 할 것이라 하면, 논의구성상 반드시 필요한 내용이다. 예컨대 연구범위를 밝혀야 하며 본론에 들어가기에 앞서 이론적 배경을 써야 하는 것을 들 수 있다. 이에 반해 쓰고 싶은 것이라면 심사자의 시각에서 볼 때, 사실자료가 정확치 않거나 불필요한 자료 등을 비롯해 삭제해도 무방한 내용이다. 이러한 지적을 받으면 그 내용에 대한 집착을 빨리 지워버리는 것이 좋다. 지적받은 자리에서 구구히 변론하기보다 일단 수긍하고 넘어가는 것이 지혜로운 행동이다.

한편 '쓸 수 있는 것'은 전공이나 개인적 취미 등과 관련되어 특별히 많이 공부하였거나 직간접적으로 체험한 사실들이다. 본인이 사전정보를 충분히 갖고 있음에도 해당 주제와 연관시켜 생각하지 않은데로부터 써내지 못하는 경우가 적지 않다.

해당 주제를 서술해 나감에 앞서 '써야 할 것', '쓰고 싶은 것,

'쓸 수 있는 것'을 어떤 비중으로 구성할 것인지 고려한 후에 본격적인 쓰기에 들어가야 한다.

그렇다면 위의 세 가지에 대한 양적구분을 어떻게 할까? 세 가지 질문을 던지고 1점(전혀 없음)에서부터 5점(완전히 많음)까지의 척도로 점수를 매겨보면 알 수 있다.

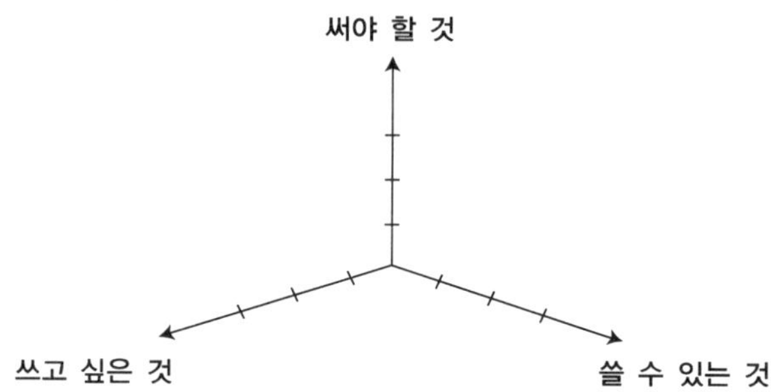

그림 8.2 서술내용의 구분

'기술하려는 것'과 '설명하려는 것'을 구분하자

모든 논문은 해당주제에 대한 서술을 통해 완성되지만, 더 자세히 살펴보면 기술하려는 것과 설명하려는 것의 교차 속에서 진행된다. 논문에서 기술하려는 것과 설명하려는 것의 의미는 다르다. 기술이 어떠한 현상을 체계적으로 파악하여 일관된 관점에서 재구성한다면, 설명은 어떤 현상들 간의 관계(인과관계,상관관계 등)을 밝혀준다(정병기, 2008: 15). 이러한 차이는 서술의 목적과 기능, 서술의 순차, 해당논의에 대한 물음에서 찾아볼 수 있다.

표 8.3 논문작성에서 기술하려는 것과 설명하려는 것의 차이

구분	기술하려는 것	설명하려는 것
목적	서술을 통해 이해의 체계성 보장	원인 분석을 통해 이해의 논리성 보장
기능	이론의 생성	이론의 검증
서술의 순차	선차	후차
물음	어떤 일이 발생, 어떻게 진행?	왜 발생, 왜 그렇게 진행?

모든 논문은 기술하려는 것에서 시작되지만, 그것만으로 논리적 깊이를 보장하기 어렵다. 그러나 기술하려는 것이 없이 설명이 이루어질 수 없다. 설명한다는 것은 구체적 사실로부터 좀 더 일반적인 사실을 추리해내는 과정이다. 이는 논문작성에서 논리적 깊이를 보장하는 데서 기술하는 것과 설명하는 것이 불가분리하다는 것을 보여준다. 따라서 기술하려는 것과 설명하려는 것을 적절히 배합하게 되는데 논문의 주제나 내용에 따라 기술적인 것인 것 혹은 설명하는 것에 치우친 논문도 있다. 이는 최근의 북한의 급변사태와 관련된 논문(김병욱, 2014)에서 찾아볼 수 있는데 이 경우 발생원인과 함께 발생경로도 동시에 고찰해야 한다.

> 선행연구에서 나타난 주요 문제점을 보면 급변사태 발생원인을 중점적으로 다룬 연구인 경우, 발생경로에 무관하고 있다. 이는 급변사태를 "더 이상 국가로 존재하지 못하는 북한 붕괴상황과 동일한 개념으로 정의되어 왔다"는 선행연구의 글에서 찾아볼 수 있다. 이로 인해 급변사태 시 국정운영의 마비단계에 대한 논의가 생략되어 있다. 일반적으로 통치체제의 붕괴는 국정운영이 마비되는 단계를 거쳐 발생한다. 이는 과거에도 그렇고 최근의 중동에서 있은 '민주화의 봄'을 가져온 사변들에서 알 수 있다.

초보자의 논문일수록 기술하는 것에 치우치는 경우가 많다. 그러나 노련한 논문작성자는 다양한 분야의 자료들을 토대로 설명하는 것에 더 큰 관심을 둔다.

'중요한 것'과 '시간 많이 드는 것'을 구분하자

논문작성을 위해 연구자는 주제선정으로부터 시작해 집필완성에 이르는 긴 여정을 밟게 된다. 이는 우승을 위해 마라톤 선수가 42.195 km를 달리는 것과 유사하다. 처음 출발 때 가장 앞자리에서 달리던 사람은 중간지점에서 포기하거나 쓰러질 수 있다. 처음부터 속도를 내어 달린 나머지 중간지점에 이르면 체력소모를 견디기 어렵기 때문이다. 그러나 체력을 아끼며 천천히 달린 사람은 후반부에서 역전할 기회를 노릴 수 있다. 마지막 지점에 이르러 선두를 앞지르고 우승하는 쾌거를 이뤄낼 수 있다. 마라톤 선수가 경기에서 우승하려면 전략이 필요하듯이 논문작성에서도 서술하려는 내용의 중요성에 따른 신체조절이 중요하다.

또 다른 예를 들어보자. 회사생활에서 상사의 눈총을 받고 휴가까지 바쳐가며 200쪽 넘는 논문을 써놓았다. 논문심사에 들어가니 1차 심사, 2차 심사 때는 약간의 지적이 있다가, 3차 심사에 와서 논문을 전반적으로 수정해 오지 않으면 통과시킬 수 없다는 평가가 제기되었다고 하자. 얼마나 난감할까? 학기마다 논문심사를 끝내야 될 날짜가 규정되어 있다. 이러한 경우에 부닥치면 시간의 물리적 한계로 인해 그 학기에 통과하기는 어렵다. 이러한 한계에 직면하지 않으려면 스스로의 전략이 필요하다. 다시 말해 우선적으로 혹은 자투리 시간을 할애하거나 시간이 나는 대로 할 수 있는 부분을 구분해야 한다.

표 8.4 논문작성에서 시간배분

구분		내용의 중요성	
		높다	낮다
시간적 특성	많이 든다	우선적으로 시간 할애	자투리 시간 할애
	적게 든다	기본적인 시간 할애	나중에 할애

이를 위한 대책으로 서술하는 내용의 중요성과 시간적 특성에 따라 우선순위를 구분할 것을 권고한다. 이는 미스코리아 선발대회에서 평가자가 던지는 질문의 하나인 "아기가 방에서 울고, 남편은 현관 밖에서 초인종을 누르고 있으며, 부엌에서는 찌개가 끓어 넘치는데, 어떤 순서로 움직이겠습니까?"하는 질문과 유사하다(정영석, 2005: 125)

논문작성이 효율적으로 이루어지기 위해서는 서술하는 내용의 중요성이 높아 품을 들여야 하는 부분과 그렇지 않은 부분, 서술상 순차에 따라 먼저 써야 할 부분과 그렇지 않은 부분을 구분하고 시간을 합리적으로 배분하여야 한다. 예컨대 목차세우기는 집을 지을 때 기틀을 세우는 것과 같은 작업이다. 목차세우기는 논문전반을 좌우하므로 중요할 뿐만 아니라 많은 시간이 든다. 그러나 문장다듬기, 요약쓰기 등은 상대적으로 시간도 적게 들고 중요성 또한 낮다.

문제의식을 분명히 하려면 도해에 관심을 두자

논문작성에서 도해는 작성자의 문제의식을 시각적 효과로 나타낸 것이다. 논문작성에서 처음부터 서술하는 것에 관심을 두면, 자료를 첨부하고 문장을 만드는 각론적인 것에 생각이 집중된다. 그렇게 되면 논문의 전반적인 논리적 흐름을 보장하는 데 관심을 두지 못하게 되며 간혹 떠오른 아이디어를 쉽게 잊게 된다. 이러한 문제를 해소하기 위해서 도해 속에 짧은 문장이나 단어를 넣어서 표현하는 습관을 길러야 한다. 그러면 시간이 지나서 다시 들여다보아도 당시의 아이디어가 그대로 떠오르게 된다.

도해를 통해 변수들 사이 관계를 정성관계로 나타낼 수 있다. 해당 주제가 명확히 논증되었다는 것은 이에 따른 명확한 도해가 있다는 것을 의미한다. 그것은 논문작성이나 사색에서 도해가 갖는 특성과 관련된다. 도해는 해당 주제에 대한 개인생각을 정리하기 위한 수단일 뿐 아니라 다른 사람과의 의사를 명확히 하기 위한 수단이다.

도해는 사람의 손놀림을 통해 완성된다. 그리면서 생각하면 시각적 효과도 동반되어 뇌를 최대한 자극시킬 수 있다. 논문작성자는 도해를 작성해 나가는 과정에 해당 현상이나 변수들 사이의 인과관계를 분명히 할 수 있다. 도해는 시각적 효과를 동원할 수 있어 논리적 순차를 보장하는 데 용이하다.

도해의 구성과 유형

도해(圖解)는 도형, 화살표, 키워드라는 3가지 요소로 이루어져 있다(나시무라 가츠미 지음, 김창남 옮김, 2008: 130). 도형은 삼각형, 원형, 사각형 등이 될 수 있으며 키워드는 짧은 단어 혹은 간단명료한 문구로 나타낸다. 문장의 의미가 애매하고 길면 하나의 빈 상자에 지나지 않는다. 의미 깊은 문장으로 표현된 키워드를 도형에 넣으면 도해가 완성된다.

도해에는 트리(tree), 벤다이어그램(venn-diagram), 매트릭스(matrix), 플로(flow) 등이 있는데 장단점은 다음과 같다(오쿠무라 류이치 지음, 황선희 옮김, 2011, 오쿠무라 류이치 지음, 김미선 옮김, 2006).

표 8.5 도해의 유형별 장단점

구분	장점	단점	활용분야
트리	정보의 누락 및 중복 방지, 위계 파악	순환적 연관관계 파악 불가능	분류도, 모형도, 순차도
벤다이어그램	정보의 집합에 따른 관계성 파악	분류항목이 3개인 경우 가능	집합관계도, 복합적 작용도
매트릭스	정보의 상호작용에 따른 관계성 파악	분류항목이 대립하여 쌍을 이루는 경우 가능	일반적인 표, 상호관계도
플로	순환성을 가진 정보 파악이 가능	복합적인 작용의 파악 불가능	선 및 순환 관계도

트리와 적용사례

트리(tree)는 문제의식을 여러 갈래로 뻗은 선으로 나타내는데 정보의 대소관계나 인과관계를 논리적 순차에 따른 계층으로 나눠볼 수 있다. 복잡한 정보를 계층도로 정리하면 상호관계를 전체적인 상에서 쉽게 파악할 수 있다.

아래의 그림은 기근과 기아가 신체왜소와 어떠한 관계에 있는가를 보여주는 것이다. 기근은 식품부족으로 인해 발생하는데 지속되면 영양부족에 따른 기아로 이어진다. 한편 기아는 만성기아와 급성기아로 구분할 수 있는데 전자는 신체왜소로, 후자는 아사로 이어진다(김영희, 2013).

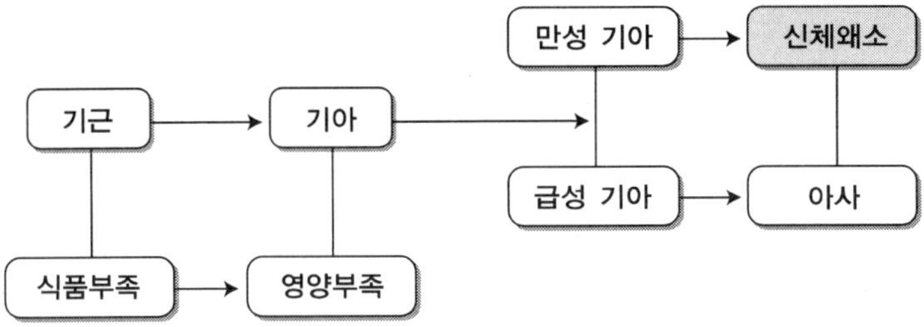

그림 8.3 기근과 기아, 신체왜소의 관계

다음의 그림은 북한의 논거에 따른 인간의 영생을 트리로 나타낸 것이다. 인간에게는 부모가 주는 육체적 생명과 수령이 주는 정치적 생명이 있는데 육체적 생명은 끝이 있지만 수령이 주는 정치적 생명은 영생한다고 한다. 그러면서 사회주의 대가정의 구성으로 조직생활을 잘해야 정치적 생명을 수령으로부터 부여받을 수 있다고 선전한다.

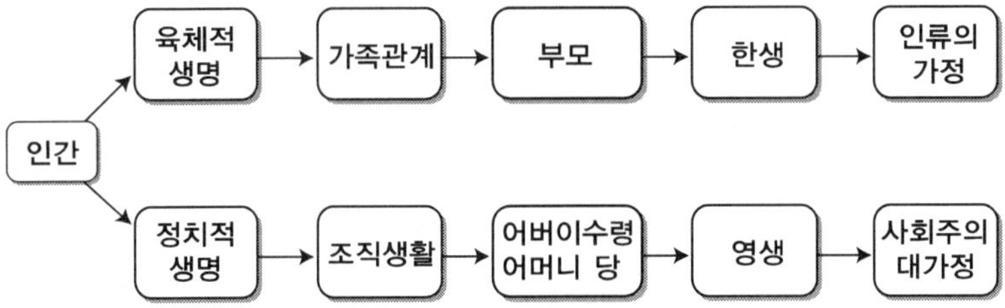

그림 8.4 북한의 영생론

트리는 문제의식을 순차적으로 나타내는 데 용이하다. 아래의 그림은 특정국가에서 체제위기가 심화되는 과정을 보여준 것이다(김병욱, 2014). 체제시스템의 변화에서 보면, 체제위기는 소요사태로부터 비상사태 수준의 단계를 거쳐 급변사태로 진전하게 되고 이러한 과정으로 붕괴에 이르게 된다. 사람의 몸에 이상이 생겨 마비가 오면 초기에는 기능적 변화가 오지만, 이러한 상태가 지속되면 복귀 불가능한 기질적 변화로 이어지게 되는 것과 유사하다. 기능적 변화가 지속되는 것으로 하여 기질적 변화로 이어질 수 있는 상황이 조성된 것을 해당 국가의 급변사태라 할 수 있다. 기질적 변화의 상태라 해도 통치체제가 불완전 마비된 단계인 급변초기 사태와 완전히 마비된 이후 단계를 구분해 보아야 한다. 불완전 마비된 상태에서는 기득권세력이 마지막 발악을 하므로 반대세력에 대한 학살이나 파괴와 같은 온갖 형태의 범죄가 발생한다.

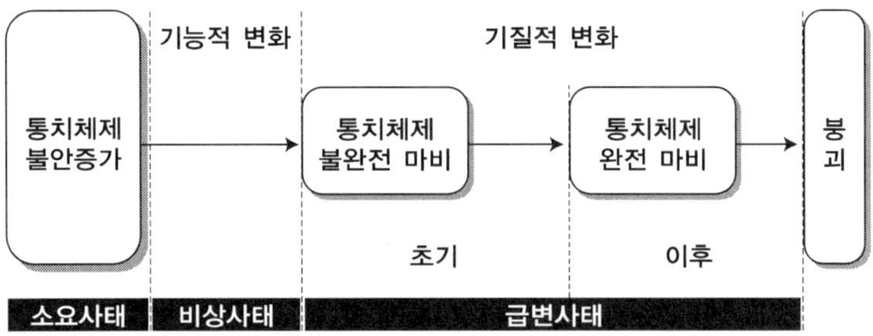

그림 8.5 체제위기의 진전에 따른 국가붕괴

트리는 영향요인들 사이의 관계를 상호작용관계를 살펴보는 경우 양호하다. 아래의 그림은 사회주의체제와 자유민주체제하의 국가와 기업, 기업주 사이의 관계를 나타낸 것인데 붉은 색으로 표시한 바깥쪽은 사회주의체제, 안쪽은 자유민주체제하의 운영구조라 할 수 있다. 기업이 국가소유라면 기업주는 기업에 대한 이용권만을 행사하며 운영에서 국가계획에 따라야 한다. 반면, 기업이 개인소유라면 당연히 소유권을 행사하고 시장의 수요에 따라 운영하게 된다.

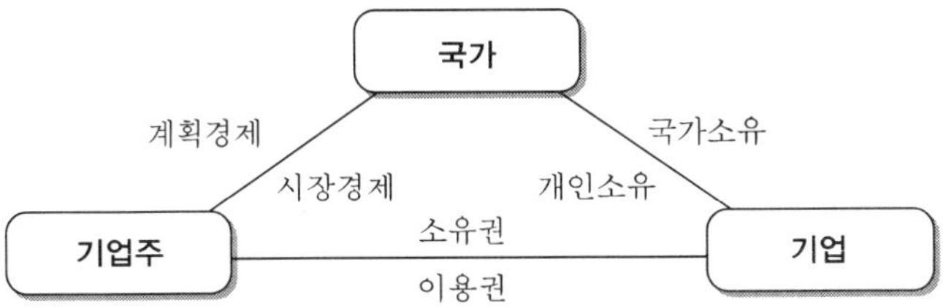

그림 8.6 남북한 국가와 기업(회사) 운영방식 비교

벤다이어그램과 적용사례

벤다이어그램(venn-diagram)은 문제의식을 겹쳐진 원들로 나타내고 이를 통해 정보의 인과관계, 중복관계, 구성 및 포함요소를 살펴볼 수 있다. 아래 그림에서는 국가안정화 요인과 지역방위 3대 요소에 대해 설명하고 있다. 일반적으로 국가는 국가주권이 영토를 수호하고 주민들을 통제하며 해당 영토가 주민들의 생존을 보장하는 속에 안정적으로 운영되어 갈 수 있다. 외세에 의해 침략을 당하면 주권을 잃게 되어 주민통제의 기능을 잃게 되며 주민들은 외세의 통치로 인해 생존이 위협 당하게 된다.

한편 외부세력의 공격에 대처한 지역방위활동은 방위에 필요한 병력수요와 병기제품에 대한 수요, 둘 사이의 관계를 조정하는 지휘수요가 보장되는 속에 성과적으로 이루어질 수 있다.

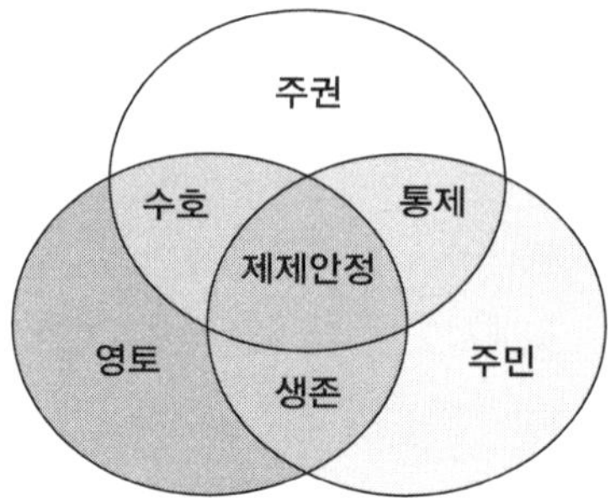

그림 8.7 체제안정화 요인

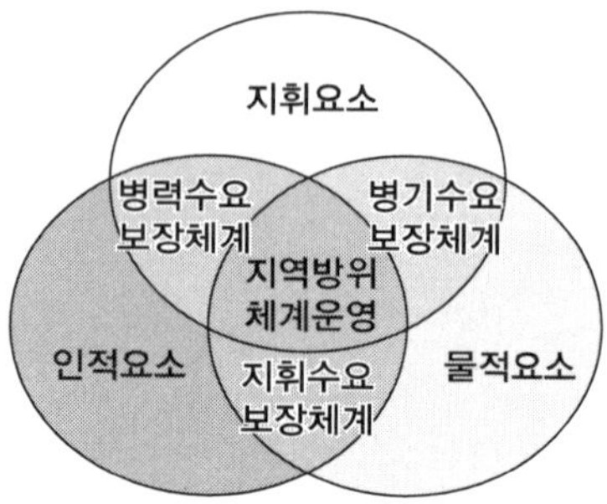

그림 8.8 지역방위 3대요소

아래의 그림은 1990년대 전후 주민들의 일상이 변화되었다는 것을 벤다이어그램으로 나타낸 것이다(김영희, 2011). 1990년대 이전에는 주민들의 일상이 진행되는 공적영역에 대해 체제작동기제가 내용적으로, 사적영역에 대해 강제적으로 작동하였다. 다시 말해 국가질서가 제대로 지켜지도록 요구하고 시장에 대한 통제를 원만히 실시하였다. 이 시기 공적영역과 사적영역의 대립이

형성되고 공적영역의 지배적인 역할이 우세하였는데 이는 체제강화에 기여하였다. 그러나 90년대 이후에는 국가의 통제기제가 형식적으로 작동하게 되었고 사적일상에서 나타나는 불법적 행위에 대해 용인하는 경우가 많게 되었다. 이로 인해 공적일상영역과 사적일상영역이 공존하게 되었는데 이는 체제변화에 적지 않은 영향을 주고 있다.

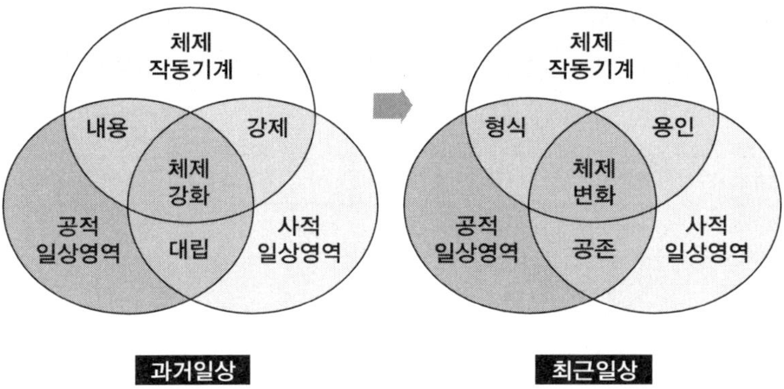

그림 8.9 일상영역에 대한 체제작동기제의 기능변화

매트릭스와 적용사례

매트릭스(matrix)는 문제의식을 행과 열로 된 바둑모양으로 나타내는데 필요한 정보를 체계적으로 정리하고 정보의 위치를 찾는 데 용이하다. 다만, 축이나 표를 구성할 수 있는 대응되는 변인관계인 경우 논의가 가능하다. 최대한 2개의 축으로 압축할 수 있는 경우 사용할 수 있다.

아래의 표에서와 같이 학업시간과 성적에 따라 학업능력에 대한 평가가 다를 것이다. 열성파인 경우 남보다 많은 학업시간을 들여야 성적이 오르지만, 뇌기능 우수자는 적은 시간을 공부를 하고도 높은 성적을 받곤 한다.

표 8.6 학업시간과 성적에 따른 학업능력

구분		학업성적	
		높음	낮음
학업시간	많음	열성파	뇌기능 미약자(둔재)
	적음	뇌기능 우수자(영재)	놀새

돈의 원천과 용도에 따라 사람들의 소비양상은 다르다. 아래의 표에서 보는 것과 같이 개인돈이 아닌 회사돈을 개인적 용도나 타 용도에 쓰는 경우, 과소비 현상이 많이 나타난다.

표 8.7 돈 원천과 용도에 따른 소비행태

구분		돈의 원천	
		개인돈	회사돈
용도	개인적 용도	알차게 사용	흥청망청
	타용도	짠돌이	생색내기

플로와 적용사례

플로(flow)는 문제의식을 선순환 혹은 악순환의 차원에서 이 바퀴와 같이 상호맞물려 도는 것을 나타낸다. 시스템 분석 시 많이 활용할 수 있다. 아래 그림은 1990년대 북한에서 국가은행이 왜 마비되었는가를 보여준 것이다(김영희, 2008). 은행에서 나온 현금이 주민들의 생활비로 지급된 다음 국영상점을 통해 다시 은행에 들어가야 중앙은행이 정상적으로 기능한다. 국영상점에

물건이 없어 주민들이 시장을 이용하고 은행에서 돈을 찾기 어렵기 때문에, 주민들의 수중에 들어온 현금은 은행에 입금되질 않는다.

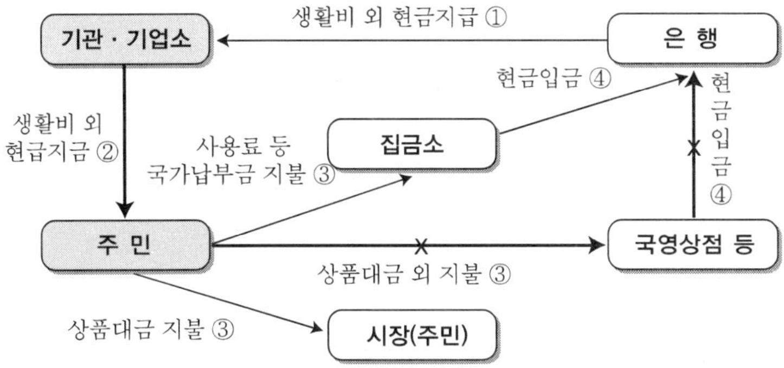

그림 8.10 플로를 통해 본 1990년대 국가은행의 마비원인

아래의 그림은 북한사회에서 개인 및 특정집단이 자본을 축적할 수 있는 조건과 관련된 설명이다(김병욱, 2013: 109). 자본축적에 상응한 국가의 역할이 보장되어야 하는데 그 역할은 국가 중심의 물질생활 보장체계의 약화 혹은 마비에 따른 시장기제의 작동으로 나타난다. 국가 중심의 물질생활 보장체계가 정상적으로 작동하는 경우 북한 당국은 개혁개방을 추구하지 않

는 한 시장기제의 작동을 허용하지 않으므로 자본축적과 관련된 경제활동이 일어나기 어렵다. 그러나 국가 중심의 물질생활 보장체계가 지속적으로 약화 혹은 마비되는 경우 당국은 그것의 보충수단으로 사경제활동을 일정한도 내에서 묵인 혹은 허용하게 되는데 이는 시장기능의 작동으로 나타나게 된다.

자본을 축적하기 위해서는 개인의 역할이 보장되어야 하는데 그 역할은 여유자금 조성능력과 권력과의 밀착관계이다. 두 가지 조건은 정의상관관계에 있어 이러한 조건이 구비되면 자본축적에 양호하다. 여유자금 조성능력은 시장기능이 원만히 작동하고 권력과의 유착관계가 커지는 속에 발휘될 수 있다. 북한체제에서 시장기능은 국가중심의 물질생활 보장기능이 약화되고 여유자금을 조성하기 위한 주민들의 활동이 활발해짐에 따라 높아질 수 있다. 또한 권력과의 유착능력은 물질생활보장 기능의 작동이 약화되는 속에 커질 수 있다.

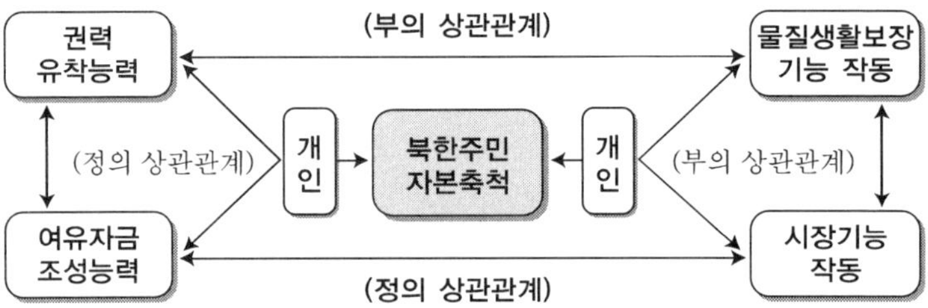

그림 8.11 북한사회에서 자본의 축적

중국의 개혁개방과 더불어 붉은 자본가가 출현하고 있다. 중국에서 붉은 자본가로 불리는 룽이런 집안은 해마다 발표되는 중국 부호명단에서 빠지지 않는 대상인데 1993년 제8회 전국인민대표대회에서 룽이런은 중화인민공화국 국가 부위원장으로 선발되어 활동하였다. 그러면 북한에서도 붉은 자본가가 등장할 수 있을까?

아래의 그림은 플로를 활용해 북한에서 붉은 자본가가 등장할 조건과 관련된 설명이다. 붉은 자본가가 등장하려면 붉은 자본계층의 지위와 역할을 보장해 줄 수 있는 두 가지 조건이 마련되어야 한다. 하나는 개인 및 특정단체가 자본을 축적할 수 있도록 사경제 활동구조가 형성되어야 하는 것이고 다른 하나는 이들의 사회적신분을 보장할 수 있게 기존신분제도가 변화되어야 한다. 전자는 시장의 활용이 아닌 시장 지향적 경제체제 운영이며, 후자는 중국에서와 같이 자본가 계층을 국가요직에 등용하는 것이다.

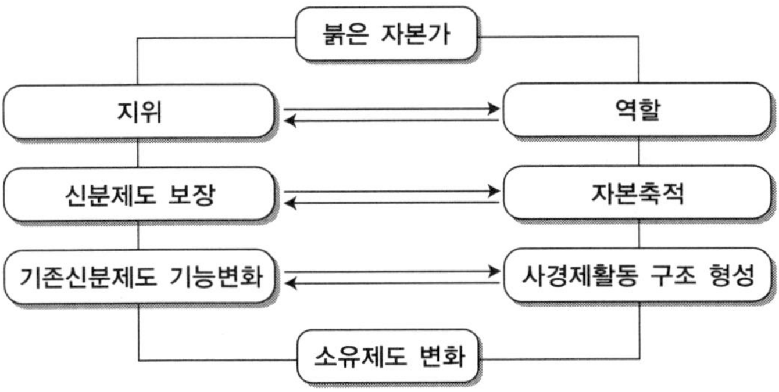

그림 8.12 붉은 자본가의 등장

플로를 통해 본 북한군 전시 작전대상 변화

아래의 예는 탈냉전기에 들어 북한이 왜 지역자체 방위체계로 전환하게 되었고 이를 실행하기 위해 정규무력이 아닌 비정규무력을 중심으로 하는 지역방위체계 운영이 필요했는가를 설명하는 플로(flow)이다(김병욱, 2013: 27).

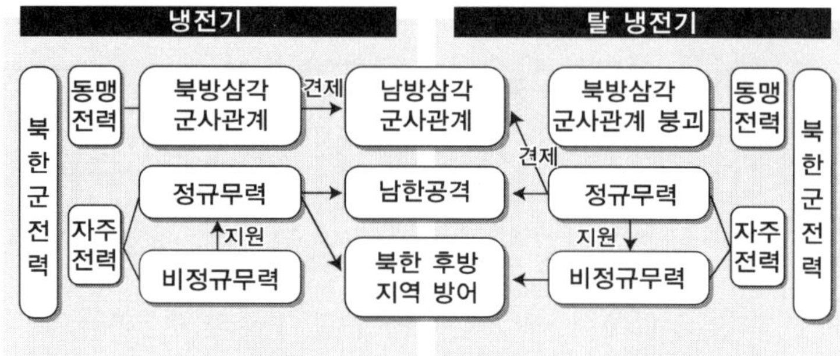

그림 8.13 플로로 나타낸 북한군 전시 작전대상 변화

그림에서는 북한군 앞에 나선 작전대상의 변화를 냉전기와 탈 냉전기의 변화에 따라 설명하고 있다. 유사 시 북한군은 세 가지 측면의 작전대상을 수행해야 한다. 하나는 한미일 남방삼각군사관계에 대한 견제이며 다른 하나는 남한지역에 대한 공격이고 마지막으로 북한의 후방지역에 대한 방어이다.

냉전기 한미일 남방삼각군사관계에 대해 북중소 북방삼각군사관계가 견제하고 있어 북한은 남한지역에 대한 공격과 후방지역에 대한 방어에만 관심을 두었다. 그러나 탈냉전기에 들어 북방삼각군사관계가 붕괴됨으로써 북한은 자체의 힘으로 위의 세 가지 작전대상을 맡아야 하였는데 이에 따라 북한군은 남한에 대한 공격과 남방삼각군사관계에 대한 견제에 집중하게 되었다. 방위수요가 늘어난 환경에서 북한은 지역자체 방위체계로 전환함과 동시에 후방지역에 대한 방위를 비정규무력에 의거하게 되었다.

북한주민의 일상은 사회주의체제 하의 선군정치가 강행되는 속에 흘러간다. 여기에 빼놓을 수 없는 것이 신분제도의 운영이다. 아래 그림은 북한주민의 일상을 설명하는 틀이다.

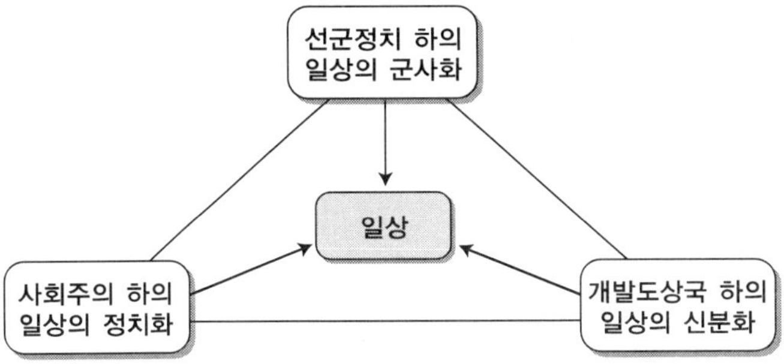

그림 8.14 북한주민 일상에 대한 분석틀

매트릭스를 통해 본 국기가관 사이의 연계유형

북한연구를 하다보면 체제적 특성에 따른 운영구조를 도해로 나타내야 할 경우가 있으나 어떻게 그려야 할지 막막할 수 있다. 아래에서 설명한 내용을 잘 이해하면 이러한 걱정을 해소할 수 있다.

북한의 국가기관이나 공장 등이 어떠한 구조로 운영되는가를 나타내는 것에는 네 가지가 있다. 즉 수직적 연계와 수평적 연계, 내부적 연계와 외부적 연계이다.

표 8.8 연계유형 비교

구분	수직적 연계	수평적 연계	내부적 연계	외부적 연계
목적	중앙집중성 보장	협조단위와 연계성 보장	기업 내 관리체계 보장	비협조단위와 연계성 보장
대상	상급기관	생산관련 협조기관	기업종사자	생산 및 비생산 관련 기관

수직적 연계를 트리로 나타내기

수직적 연계는 상급기관과 하급기관 혹은 상급자와 하급자와의 위계적 질서에 따른 관계를 말한다. 아래의 그림에서 보는 것과 같이 북한의 대학이나 중고등학교, 초등학교는 행정적으로는 구역, 군 인민위원회 교육부와 시 인민위원회 교육부, 도 인민위원회 교육국, 나아가 내각 교육성의 지도를 받는다. 당적으로는 구역, 군 당위원회 교육부, 도 당위원회 교육국, 나아가 노동당 과학교육부의 지도를 받는다.

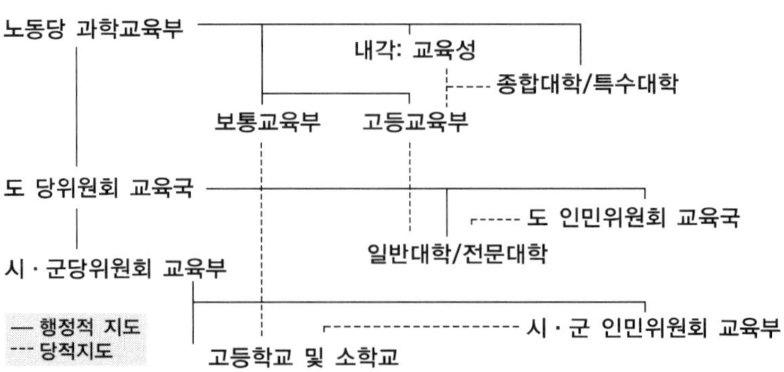

그림 8.15 북한의 교육부문 지도 체계

한편 수평적 연계는 기관이나 공장, 기업소 핵심적 영역에 대한 운영(주로 생산)을 위해 연계되는 동급인 다른 기관이나 공장, 기업소와의 관계를 말한다. 예컨대 도자기 생산공장이라면 도자기 생산원료인 고령토나 도자기를 굽는 데 필요한 석탄을 구입하기 위해 광산이나 탄광과 상호관계를 맺게 된다. 또한 생산에 필요한 전력을 공급받기 위해 지역의 배전소와 연계를 맺게 된다. 수직적 연계에 비해 수평적 연계는 위계관계가 없고 상대적 독자성을 가진다.

내부적 연계를 트리와 매트릭스로 나타내기

내부적 연계로 북한의 공장, 기업소를 든다면, 당비서나 지배인, 기사장이 맡은 업무상 관계를 들 수 있다. 국가기관이나 공장, 기업소를 비롯해 특정단위를 관리하거나 운영하기 위해서는 인적자원과 물적자원, 정보자원을 통제할 수 있는 세 가지 권한이 주어져야 한다. 인적자원에는 간부 및 생산노력에 대한 인사권이 속하며 물적자원에는 생산과 관련된 일체 설비, 자재 그리고 생산물의 판매를 통해 얻어 들인 자금을 움직일 수 있는 권한이 속한다. 정보자원은 이러한 인적 및 물적자원 사이를 연계해 주는 권한이다.

북한의 공장, 기업소에는 당비서와 지배인, 기사장이 있는데 운영에 필요한 자원을 활용하는 데서 이들의 권한은 다르다.

표 8.9 기관, 기업소 운영에 필요한 자원 통제영역

구분	당비서	지배인	기사장
인적자원	간부사업, 군사 및 행사 동원	생산노력의 채용이나 배치, 제명	없음
물적자원	세뇌기제	설비, 재정, 운수, 후방 등 생산보장 및 경영	생산, 기술사업과 관련된 사업
정보자원	당회의, 정치생활 평가	각종 행정회의, 노동생활 평가, 통계	기술과 관련된 회의, 통계
특징	의식통제와 관련	행정실무와 관련	기술실무와 관련

북한의 공장, 기업소는 당기구와 행정기구에 의해 운영되고 있다. 이는 당비서의 당사업, 지배인의 행정경제사업을 통한 역할분담으로 이루어지고 있다. 아래의 그림은 공장, 기업소 지배인에 의한 공장, 기업소 운영체계를 보여준 것이다.

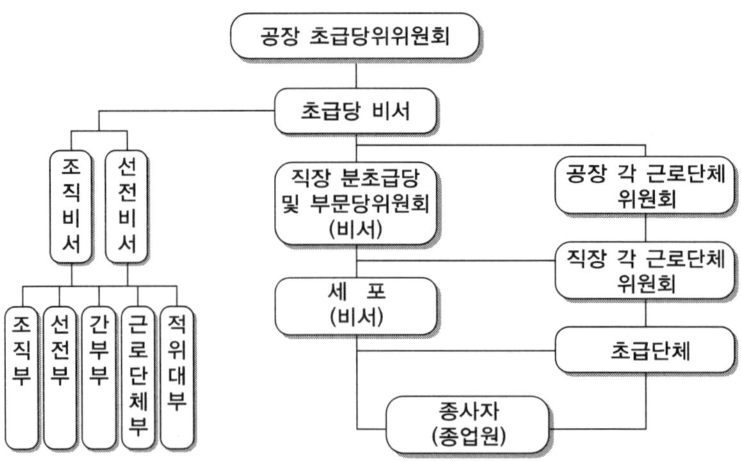

그림 8.16 북한의 공장, 기업소 당기구 운영체계

아래의 그림은 공장, 기업소 지배인에 의한 공장, 기업소 경영체계를 보여준 것이다. 지배인을 중심으로 행정실무를 맡은 부지배인과 기술실무를 맡은 기사장을 통해 이루어지고 있다.

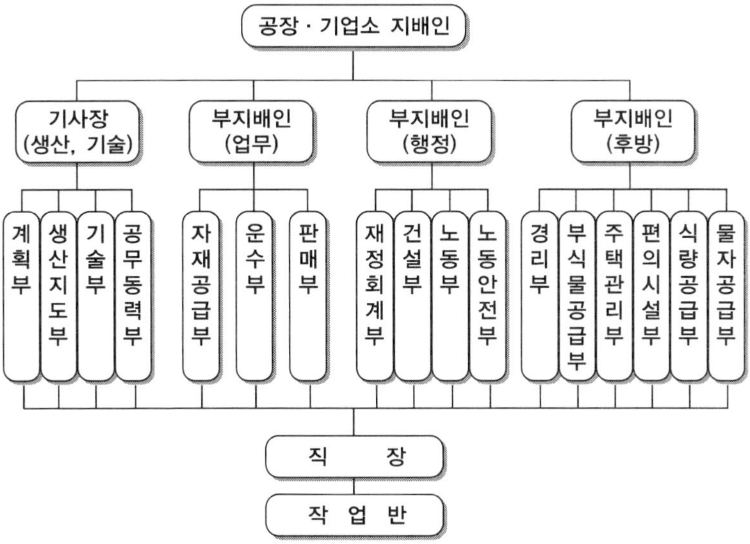

그림 8.16 북한의 공장, 기업소 행정기구 운영체계

한편 외부적 연계는 공장, 기업소 관계자와 외부자 사이에 맺어지는 관계인데 주로 공장, 기업소 운영에서 제기되는 비핵심적 문제(식품 문제)에 대한 해결이나 비합법적 방법에 의한 거래를 통해 일어난다. 예컨대 공장, 기업소가 종합시장을 통해 일부 소모성 설비보수용 자재를 구입하거나 명절을 맞으며 종사자들에게 공급할 남새나 과일을 시장보다 싼 가격으로 인수해 오는 것을 들 수 있다.

PART Ⅳ

논문작성의 노하우

이런 것을 적용해 보자

논문작성이 전문연구자의 길만을 지향해서가 아니다. 대부분 이를 통한 학문적 목표달성에 대한 욕구 충족 혹은 이를 통해 특정부분을 더 배우고 싶어서가 아닐까, 논문작성을 일정수준에서 마스터할 수 있는 자기만의 전략을 개발하자.

| CHAPTER 09 |

주제 찾기와 목차 세우기

연구주제 찾기 어려우면, 3차원에서 접근하라

논문작성자들은 새로운 주제를 찾는 데 관심이 많다. 그러나 선행연구에서 다루었거나 자료부족으로 망설이는 때가 많다. 이러한 사정은 논문초보자뿐 아니라 베테랑들도 마찬가지이다.

필자는 연구주제 찾기 작업을 3차원(시간, 공간, 분야)에서 접근할 것을 권고한다(이광형, 2012). 연구주제를 선정함에 있어 시간의 구속을 넘어야 현재가 아닌 미래가 보이며 공간의 구속에서 벗어나야 서로의 다름을 인정하게 되며 분야의 구속에서 벗어나야 융합적인 사고가 형성된다.

구체적인 사례로 북한에서 시장운영과 관련된 논문을 작성한다고 하자. 이 경우 1990년대에 나온 논문이 있으면 여기서 다룬 방식대로 시장운영의 주체나 물적 및 인적네트워크의 형성을 2000년대의 시점에서 유사하게 다룰 수 있는데 이는 시간적 차원에서 달리 접근하였다고 볼 수 있다. 또한 북한의 지역시장 연구에서 물품과 자본, 정보의 집결지로 혜산지역 시장의 변화를 연구한 논문이 있다면, 이를 평성시장에 관한 연구에서 유사하게 다룰 수 있을 것이다. 이러한 경우 공간적 차원에서 다르게 접근하였다고 볼 수 있다. 또한 시장의 변화를 북한출신들의 증언에 따른 인문학적 측면에서 벗어나 위성지도를 통한 지리정보학적 측면에서 접근할 수 있다.

3차원의 시각에서 접근하면 이미 나온 연구라도 주장의 진위성을 또 다른 시각에서 살펴볼 수 있으며 논의를 풍부히 할 수 있다. 그러나 선행연구가 선정한 대상과의 사회환경적 및 지리적, 분야적 측면의 차이를 고려하는 것에 주의를 돌려야 한다.

선행연구 없는 주제라면, 대응연구 시도하자

선행연구에서 찾기 어려운 주제를 선정하여 어려움이 많은 경우를 가끔 목격한다. 이 경우 작성자의 지칠 줄 모르는 노력이 없다면 중단될 가능성이 크다. 이러한 주제의 연구는 대부분 적용할 이론이나 연구방법을 찾기 어렵거나 논증에 필요한 자료가 부족한 경우가 많다. 또한 시간을 들여 연구한 것에 비해 시장성이 적기 때문에 노력에 비해 독자들의 관심 밖에 놓이는 경우도 있다.

선행연구가 없는 주제지만 이와 관련된 논문을 쓰고 싶다면 이를 극복하기 위한 연구방식을 선정하는 것이 중요하다. 이와 관련해 두 가지를 소개한다. 우선 본 주제와 전혀 다른 분야의 선행연구자료를 길라잡이로 활용하는 방식이다. 탈북여성들의 결혼생활과 관련된 연구라면 이주여성 결혼생활에 관한 연구를 통해 들여다 볼 수 있다. 다음으로 유사한 주제와 병행해 나가는 방식을 들 수 있다. 예컨대 북한의 간부정책 변화와 관련된 주제를 다루고 싶다면 "북한의 국가전략과 간부정책의 변화"(현성일, 2006)라는 논문에서와 같이 국가전략의 변화와 함께 간부정책의 변화를 다루면 대응적인 연관 속에 다루게 되므로 자료부족의 어려움을 극복할 수 있다.

선행연구가 있다면, 새로운 시각에서 들여다보자

모든 연구는 집필 당시의 자료 및 사회적 인식 가운데서 진행되기 때문에 한계가 있기 마련이다. 선행연구가 많은 주제라 해도 새로운 주장이 제시된 또 다른 논문을 내놓을 수 있다. 예컨대 북한의 지역자립체계와 관련한 연구를 들어보자.

선행연구에서는 북한의 지역자립체계와 관련해 경제적 자립체계 운영에 대해 논의하고 있다. 이는 북한이 선전하는 지역의 경제적 자립과 같은 논조이다. 북한은 지역의 경제적 자립을 위해 지역마다 동일한 혹은 유사한 중소규모의 산업시설을 배치하였고 지경학적 잠재력에 기초해 지역산업을 발전시키기 위한 노력을 기울여 왔다고 강조하고 있다.

이와 관련해 지역의 군사적 자립을 위한 활동은 없었을까? 하는 의문이 제기된다. 그것은 북한의 지역자립체계가 군사적 자립체계와 떼어놓을 수 없기 때문이다. 북한의 경제국방병진노선이란 단어에서도 알 수 있듯 지역의 경제적 자립은 지역의 군사적 자립을 위한 활동과 떼어놓고 진척될 수 없다. 지역의 경제적 자립을 위한 활동이 있었다면 이와 병행한 지역의 군사적 자립을 위한 활동도 있었을 것이다. 따라서 지역자립체제 구축과 관련한 주제를 다루는 경우 지역의 경제적 및 군사적 자립체제 구축과 관련한 문제를 동시에 고찰해야 한다. 북한체제 운영특성상 군사를 강화하기 위한 활동이 국사 중 최고의 활동으로 되고 있어 지역의 군사적 자립체계 운영을 배제한 지역의 자립체계 운영은 바람직한 접근방법이라 할 수 없다.

실제로 북한은 1960년대 전국요새화의 구호하에 군 행정단위를 지역방위의 거점으로 정하고 지역특성에 맞게 요새화하도록 하였다. 처음에는 항공피해를 최소화하고 전시군수생산을 원만히 보장하기 위한 차원에서 전개되었으나 이후 군의 작전계획수행과 맞물리면서 보충되었다. 주민지역 주변의 산에 진지와 화점이 구축되었고 주요 도로 연선에는 대전차 차단물과 해안선에는 상륙을 막기 위한 방파제와 구조물이 설치되었다. 이러한 활동은 지역의 군사적 자립을 위한 활동의 시작이라 할 수 있다.

1990년대 들어서는 지난시기의 활동성과에 근거해 도 행정단위를 지역방위의 거점으로 정하고 지역의 군사적 자립을 완성하도록 하였다. 이러한 활동이 도 당군사위원회의 지휘하에 진행되도록 하였는데 지역방위에 필요한 병력은 민방위무력이, 병기수요는 지역에 신설된 전시동원공장을 통해 해결하도록 하였다(김병욱, 2011: 201~214).

적지 않은 연구자들은 그 분야의 권위자가 쓰는 문제의식이나 연구패턴을 그대로 따라가는 경향이 있다. 남다른 시각에서 접근하지 않고는 기존 연구가 갖고 있는 문제점에서 벗어나기 어렵다는 점을 기억하자.

목차 세우기 어려우면, 유사한 선행연구와 비교하자

박사학위논문이나 학술지에 게재된 논문의 목차는 심사자들의 엄격한 검토에 의해 나온 것이어서 해당 논문의 목적에 따른 논리성이나 명료성이 충분히 보장된 것이라 할 수 있다.

모방은 창조의 어머니라고 논문작성에 서툰 경우 자기의 연구목적과 유사한 선행연구의 목차와 비교해 세우는 것도 하나의 방법이다. 그것은 자기와 유사한 유형의 논문을 보면 목차를 어떤 식으로 구성하였고 어떤 식으로 전개해 나갔는가 하는 것 등에서 참고할 점이 많기 때문이다.

선행연구의 목차를 참고할 경우에 연구대상과 목적, 연구방법 중 어느 한 가지 혹은 두 가지에서 유사한 논문이 있을 수도 있다. 예컨대 근거이론을 통해 중학생의 또래관계를 다룬 논문이 있다면 연구대상은 다르지만, 고등학생 또래관계 연구에 적용할 수 있다. 남북한 중학교 영어교과서를 비교한 논문을 역시 수학교과서 비교연구에 적용할 수 있다. 이 경우 연구대상은 다르지만, 목적이 같으면 유사한 목차를 세워놓고 살펴볼 수 있다.

논문목차를 비교하는 것에 용이한 순서를 보면 다음과 같다.

연구목적과 방법이 같은 경우 > 연구대상과 방법이 같은 경우 > 연구대상과 연구목적이 같은 경우라 할 수 있다. 그것은 무엇보다 연구방법이 같아야 하기 때문이다.

북한 분야면 좋고 다른 분야더라도 연구방법이나 대상이 유사한 논문을 2~3편 골라놓은 다음 2~3번 정독하면 목차를 어떻게 세우는 것이 좋겠다는 생각이 저절로 든다.

목차 세우기 어려우면, 역순으로 생각하자

필자는 주변에서 연구자들의 관심을 끌게 하는 흥미로운 주제를 정하였으나 목차를 세우기 어려워하는 학생들을 보게 된다. 이 경우 사고방식을 바꾸면 평범한 수준의 목차를 짧은 시간에 세울 수 있다. 이와 관련해 역순으로 생각하는 방법을 소개한다.

탈북청소년이 학교에 단짝친구가 있다면 중도탈락율을 막는데 효과적이라는 생각이 들었다고 하자. 사고과정 순차 상, 단짝친구가 있으면 왜 중도탈락을 막게 되는 것인지에 대한 이유가 떠오를 것이다. 이어 이러한 연구가 있는지, 있으면 자기 생각과 무엇이 다른지 살펴볼 것이다. 이 과정에 남이 발견하지 못한 자기만의 독특한 아이디어가 있다면 이를 주제로 논문을 쓰려는 욕구가 생겨날 수 있다. 이러한 사고과정을 거꾸로 써놓으면 논문의 목차가 된다. 이 경우, 논문의 제목은 '단짝친구를 통한 탈북청소년들의 중도탈락율 해소 방안'일 것이다.

한 순간 피뜩 머릿속에 떠올랐던 의문점이 선행연구에 대한 고찰로 이어지고 연구의 필요성으로도 확장된다. 이러한 생각의 순서를 뒤집어 놓고 정리하면 대략적인 목차가 만들어진다.

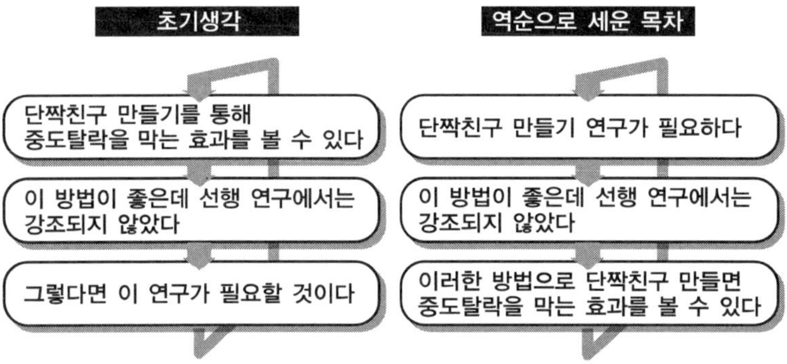

그림 9.1 역순으로 논문목차 세우기

| CHAPTER 10 |

수준 있는 논문을 작성하려면

최적화된 논문작성을 원한다면, 세 단계를 거쳐 완성하자

대부분의 논문초보자들은 초안을 완성하고는 선배나 아는 연구자에게 부탁하여 코멘트를 받은 다음 수정하여 제출한다. 이러한 방식에 의존해서는 빠른 기간에 수준 있는 논문을 내놓기 어렵다.

이러한 문제를 극복하기 위해 논문작성에 소요되는 총 시간을 초안완성 단계, 개선 단계, 최적화 단계의 세 단계로 나누어 완성할 것을 권고한다.

그림 10.1 최적화된 논문작성단계

초안완성 단계에서는 논문의 전반적인 형태를 잡는다. 개선

단계에서는 객관의 의견을 받아들여 수정한다. 마지막 최적화 단계에서는 논문을 최종적으로 마무리한다. 세 차례에 걸친 연이은 보충 및 수정과정을 통해 논문수준은 높아질 것이다.

이러한 논의과정에 간구해야 할 것이 있다. 매 단계에서 제기된 사항을 철저히 실행하고 다음 단계로 넘어가도록 해야 한다. 그렇지 않으면 반복하는 것에 머물게 된다. 이러한 문제점을 극복하기 위해서는 매 단계에서 실행해야 할 목표를 분명하게 세워야 한다. 다음으로 매 단계에 소요되는 시간을 잘 정하는 것이다. 대부분의 시간을 초안완성단계에서 잃게 되면 개선단계나 최적화 단계는 물리적 한계로 인해 형식상의 서술에 그칠 가능성이 크다. 예컨대 총 소요되는 시간을 100으로 잡는다면 초안완성에 50, 개선에는 20, 최적화에는 30의 비율로 정하는 것이 바람직하다.

논거를 탄탄히 하려면, 분석적 및 시스템적 사고를 병행해야

(1) 분석적 및 시스템적 사고의 필요성

수준 있는 논문은 독창적이면서도 탄탄한 논리구조를 갖고 있다. 이러한 논문은 여러 학술지들에서 인용될 뿐 아니라 시간의 흐름 속에서도 그 가치가 지속적으로 보존된다.

논문을 구성하고 있는 논거가 탄탄하려면 분석적 및 시스템적 사고가 병행되어야 한다. 필자는 심사자들로부터 연구결과에 대해 단선적, 혹은 단편적인 사고에 빠져있다는 의견을 듣게 되는 경우가 있는데 이는 시스템적 사고가 미약하기 때문이다.

모든 문제는 여러 가지 요인들이 복잡하게 얽힌 속에 발생하고 발전하거나 퇴보하는데 이러한 관계를 잘 파악할 수 있게 한다. 시스템적 사고는 이를 구성하는 요소들 사이의 상호작용과 순환구조를 파악하게 한다.

아래의 그림에서 보듯이 북한에서 시장이 활성화되면 계획경제는 마비되는데 이는 경제개혁에 긍정적 영향을 준다. 이는 시스템적 사고로 설명이 가능하다.

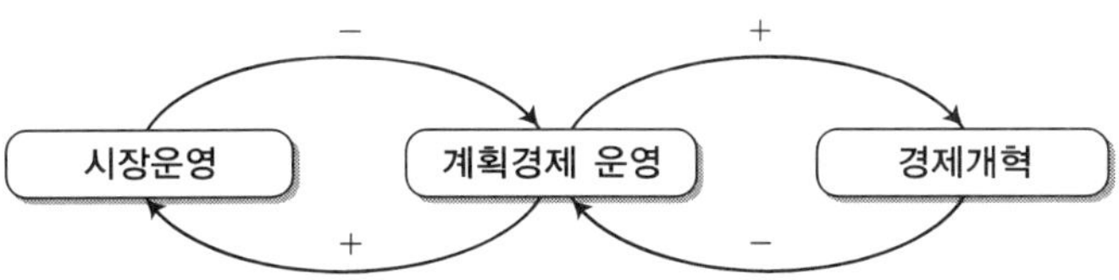

그림 10.2 시스템 사고에서 본 북한 시장과 경제개혁의 관계

(2) 분석적 및 시스템적 사고 비교

문제가 발생하면 분석적 및 시스템적 사고를 하게 된다. 분석적 사고는 주어진 현상에 대한 분류를 통해 논의를 체계적으로 정리할 수 있게 해주며 연역과 귀납의 방법을 통해 논증할 수 있게 한다. 전체적인 관계나 흐름을 파악하기 위해서는 시스템적인 사고에 관심을 두어야 한다. 분석적 사고가 관심이 된 변수들의 값을 측정하는 것에 주목한다면 시스템적 사고는 이러한 변수가 시간에 따라 어떤 변화를 보이는지에 관심을 둔다. 그것은

사물현상의 발생이나 원인이 상이한 변수가 미치는 영향의 합산에 의해 이루어지는 것이 아니기 때문이다. 순환과정을 거쳐 다른 요인의 영향을 촉진하거나 억제하여 또 다른 결과를 통해 발생시킨다(안병직 · 김상익, 2012: 110-122).

표 10.1 분석적 사고와 시스템적 사고

구분	분석적 사고	시스템적 사고
목적	결론도출에 미치는 영향요인 규명	결론도출에 이르는 과정규명
특징	· 개별적 요인 영향력에 대한 심층적 이해가능 · 요인관계를 밝히는 데 용이함	· 전체적 상황에 대한 맥락적 이해가능 · 과정흐름을 밝히는 데 용이함
논증의 특징	선 결론 제시, 후 논증	선 논증, 후 결론 제시
용도	· 선행연구가 많은 경우 · 정적인 사물현상 관찰	· 선행연구 드물거나 없는 경우 · 동적인 사물현상 관찰

분석적 사고와 시스템적 사고의 차이는 아래 그림을 통해 설명할 수 있다. 그림에서 볼 수 있는 것처럼 분석적 사고는 이를 구성하는 요소들이 종적으로만 연결되어야 결론을 얻을 수 있다. 이로 인해 구성요소들은 상대적으로 독립되어 있다. 이에 반해 시스템적 사고는 횡적으로 순차적으로 이어지면서 결론에 이른다. 구성요소들이 연관되어 상호영향을 주게 된다.

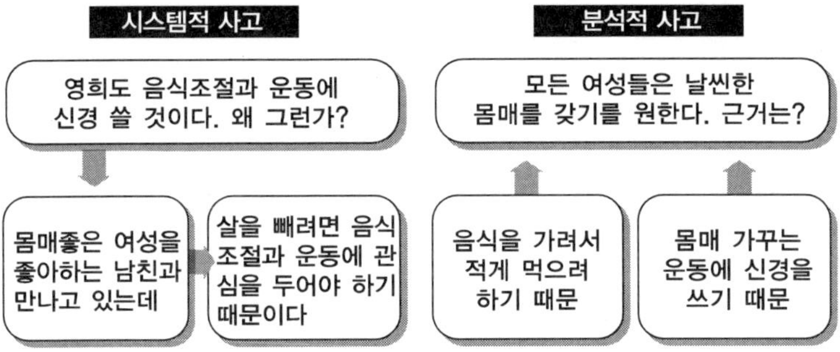

그림 10.3 분석적 사고와 시스템적 사고

수준 높은 논문을 작성하려면, 정보력, 사고력, 문장력이 있어야

수준이 높은 논문을 작성하려면 정보력, 사고력, 문장력의 세 가지 조건이 구비되어야 한다. 정보력을 가져야 논문작성에 필요한 자료를 적시에 수집할 수 있고 자료의 가치를 정확하게 검토해 낼 수 있다. 사고력을 가져야 논제에 적합한 연구방법론을 선정할 수 있으며 논리적 순차에 따라 전개해 나갈 수 있다. 문장력을 가져야 연구결과를 정확히 서술할 수 있고 이에 대한 독자들의 관심을 높일 수 있다. 한마디로 논문작성에서 정보력이 논증의 신뢰성을 보장한다면, 사고력은 논증의 논리성을 강화시키며 문장력은 논증의 표현력을 높인다. 이러한 점에서 위의 세 조건을 수준이 높은 논문작성의 3대 요인이라 할 수 있다.

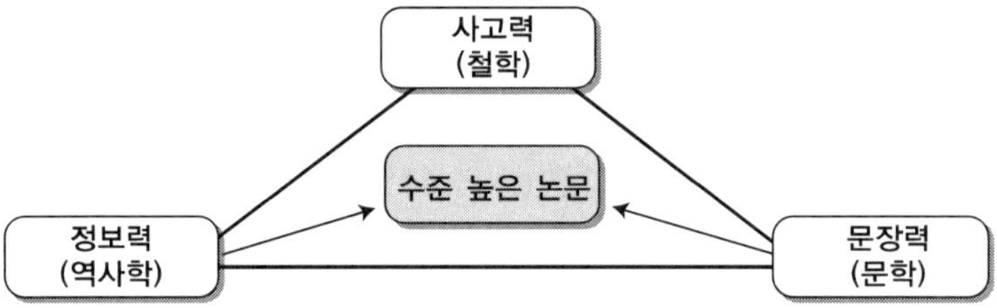

그림 10.4 수준 높은 논문작성의 3대 요인

위에서 제시한 정보력, 사고력, 문장력을 가지려면 역사학, 철학, 문학 분야에 대한 조예가 깊어야 한다. 역사학은 해당 논제를 논증하는 데 필요한 정보를 제공하며 철학은 논제를 밝혀내는 데 필요한 방법을 알려준다. 또한 문학은 밝혀진 내용을 서술하는 데 필요한 문장력을 갖도록 한다. 역사학이 논제의 논의수준을 깊게 한다면 철학은 논의의 객관성을 부여해주며 문학은 논의되는 내용에 대한 설득력을 높여준다.

특색 있는 논문을 작성하려면, 평가능력을 키우자

논문작성에서 초보자와 경험자의 차이를 논의한다면 같은 시간대에 논문을 읽고 평가해내는 능력의 차이일 것이다. 노하우가 많은 논문작성자일수록 같은 시간 동안 읽는다 해도 많은 쟁점을 끄집어내고 자료를 정보화해낸다. 예컨대 북한적 현상을 살펴보는 데서 북한의 변화를 어떠한 형태의 변화 즉, 질적변화로 혹은 양적변화로 볼 것인지, 그렇게 볼 수 있는 질적 및 양적 근거는 충분한지, 이러한 변화가 단기적 혹은 지속적인지 살펴본다.

또한 이러한 변화를 북한은 어떠한 논거를 가지고 정당화하는지도 눈여겨본다.

특색 있는 논문작성에 필요한 평가력을 가지기 위해서는 거시적 및 미시적인 평가기준이 있어야 한다. 거시적 평가기준이 논문전반의 흐름과 관련된 것이라면, 미시적 평가기준은 일치성, 문장력과 관련된 것이다. 수준이 높은 학술지일수록 거시적 평가기준에 대한 요구가 높다. 그것은 게재대상을 박사급으로 제한하는 것을 비롯해 미시적인 기준을 만족시키는 연구자들이 참여하기 때문이다. 거시적 평가기준은 아래의 표와 같다.

표 10.2 논문에 대한 거시적 평가기준

구분	내용
독창성에 대한 평가	논문의 주제나 연구방법이 독창적인가?
연구방법에 대한 평가	이론적 및 실제적 근거, 분석틀이 타당한가?
분석에 대한 평가	객관성과 논리성이 보장되었는가?
자료활용에 대한 평가	최근의 연구동향을 반영하였는가?
논문활용에 대한 평가	학문적 기여와 정책적 유용성을 찾을 수 있는가?

미시적 평가기준은 ① 논문제목과 목차, ② 구체적인 목차와 내용, ③ 논문제목과 논문의 연구목적, ④ 연구목적과 목차, ⑤ 연구목적과 결론의 적합성을 들 수 있다. 이를 구체적으로 설명하면 다음과 같다.

첫째, 논문이 요구하는 일치성에 대한 검토이다. 논문제목과 연구목적, 목차와 내용이 일치하는가를 살펴본다. 이를 통해 주제와 관련이 없는 내용이 서술되지 않았는가를 찾아낼 수 있다.

둘째, 논문이 요구하는 형식성에 대한 검토이다. 논문구성과 단락의 구성이 잘 되었는지, 각주처리를 제대로 하였는지 살펴본다. 구체적으로 글의 주제를 뒷받침하는 논거가 충분히 보장되었는지, 각 단락의 문장이 서로 연결되는지, 인용이 제대로 되었는지에 관련된 것이다.

셋째, 서술된 내용의 문장력에 대한 평가이다. 문체 및 표기방식에 대한 검토라 할 수 있는데 표현방식, 띄어쓰기, 표준문법, 부호사용 등이 제대로 되었는가를 살펴본다. 또한 길고 복잡한 문장을 축소하고 주어와 술어, 목적어와 술어의 호응 등을 검토한다.

논문평가 사례 1: 북한의 민중봉기 부재

국제사회는 20세기 동유럽사회주의권에서 일어난 민중봉기에 이어 21세기 중동에서 발생한 민주화의 봄을 목격하고 있다. 많은 연구자들이 평양의 봄에 대해 역설하였지만, 유럽이나 아랍권과 유사한 민중봉기는 찾아볼 수 없다. 이러한 이유에 대해 적지 않은 연구자들은 가혹한 처벌에 따른 공포심과 이에 따른 정치행위 결과에 대한 비관적 태도, 3~4중의 감시체계로 인해 전국적으로 확산될 수 있는 주민연계망의 부재를 들고 있다.

엡스타인(J. M. Epstein)의 시민봉기모형을 근거로 설명해보자(윤영수·채승병, 2005: 276~277). 먼저 체제변화에 대한 기대(W)와 인내도(T), 체포위험도(N)와 위험감수도(R)의 개념을 이해해야 한다. 체제변화에 대한 기대도(W)는 행위자 혹은 행위집단이 현 체제의 변화를 바라는 마음의 정도이며, 인내도(T)는 전반주민이 반정부 행동에 나설 수 있는 환경을 반영한 변수이다. 체포위험도(N)는 반정부 행동으로 인해 경찰에 체포될 수 있는 확률이고 위험감수도(R)는 체포될 위험을 무릅쓰고 나설 수 있는 행동 정도이다. 이러한 변수들의 영향정도를 0과 1로 표시할 수 있다.

이 경우 다음의 관계에서는 정비례 관계가 성립된다. 즉 체포위험도(N)와 체제변화에 대한 기대도(W) 그리고 위험감수도(R)이다. 즉, N=W, N=R이다. 반면 체제변화에 대한 기대도(W)와 인내도(T) 사이에는 반비례관계가 성립된다. 즉, W=1/T이다.

인내도가 낮은 환경하에서 위험감수도가 높으면 반체제 행위자가 많아져 집단봉기로 이어질 수 있지만, 인내도가 높은 환경하에서 위험감수도가 낮으면 반체제 행위자가 적다.

위험감수도(R) – 체포위험도(N) 〉 인내도(T): 집단봉기로 확산된다.
위험감수도(R) – 체포위험도(N) 〈 인내도(T): 개인적 희생으로 끝난다.

체제변화에 대한 개인이나 특정집단의 기대감이 높다 해도 체포위험이 크고 인내도가 낮은 환경이라면 반정부행동에 나서기 쉽지 않다. 통치기강이 약화되어 체포될 위험이 높지 않거나 체포된다고 해도 얻어지는 대가가 더 크다면 반항하는 쪽을 선택할 것이며 반대인 경우 충성하는 쪽에 치우칠 것이다.

표 10.3 체제변화에 대한 기대와 위험감수도

구분		위험회피도	
		높다	낮다
체제변화에 대한 기대	높다	반항	무관심
	낮다	복종	충성

독재사회일수록 주민들은 정부정책에 대해 불만을 표출하며 반체제행동에 나서는 것에 대한 공포심리가 크다. 북한사회는 체제적 특성으로 인해 주민들의 위험감수도가 낮다. 과거에는 체제변화에 대한 기대가 낮은 가운데 위험감수도가 낮은 집단에서는 충성하는 경향이, 위험감수도가 높은 집단에서는 복종하는 경향이 강하였다. 최근에는 체제변화에 대한 충성집단에서의 무관심과 복종집단에서의 반항심이 높아지고 있다. 이는 체제변화에 대한 기대도(W)가 전반적으로 높아진 것과 함께 위험감수도(R)가 높아진 것으로 설명할 수 있다.

논문평가 사례 2: 북한주민 일상의 특징

북한사회를 적절히 설명하면서도 특색 있는 논문을 작성하려면 기존시각에서 벗어나는 것이 중요하다. 예컨대 북한주민의 일상과 관련된 연구를 들 수 있다(김영희, 2011: 297-305).

선행연구에서는 북한주민 일상의 특수적 측면으로 일상의 정치화를 강조하는 경향을 찾아볼 수 있다. 이른바 일상의 정치화이다. 이는 자본주의 체제에 비한 북한주민 일상의 특수적 측면이지만 사회주의 체제 주민 일상에서는 보편적 측면이다. 그렇다면, 사회주의 체제 주민 일상이 가지는 보편적 측면과의 차이점, 특히 선군정치하에서 살아가는 북한주민 일상의 모습을 살펴보기 위해서는 어떻게 접근해야 하는가?

북한주민 일상연구에서는 부분별 주제를 다루는 것이든 접근하는 방식이 어떠하든 이를 통해 선군시대 북한주민 일상과 함께 신분제도의 특수한 측면을 직간접적으로 보여주어야 한다. 이를 테면 사회주의 체제 주민이라는 측면에서의 일상과 함께 선군정치가 강행되는 국가주민의 일상, 3대세습이 이뤄지는 개도국 주민 일상이라는 점이 반영되어야 한다. 다시 말해 일상의 정치화만 논의할 것이 아니라 일상의 군사화, 일상의 신분화도 동시에 살펴보아야 한다.

주민 일상에서 일상의 정치화, 군사화, 신분화의 차이를 아래 표를 통해 알 수 있다. 당국은 일상의 정치화를 통해 전 주민을 수령에게 충실한 인간으로 만들며 군사화를 통해 전시동원체제를 강화해 나간다. 또한 일상의 신분화를 통해 일상의 정치화와 군사화가 효율적으로 작동하도록 조정한다. 일상의 정치화가 정치적 수단에 의거한다면 일상의 군사화는 강압적 수단에 의해 실행되고 있으며 일상의 신분화는 사회적 신분 규정에 따라 시공간에 대한 배분이 이루어지도록 하고 있다. 당국이 의도하는 대로 주민들의 일상이 북한식-우리 식대로 진행되도록 하기 위해서 일상의 정치화가 동의를 이끌어 낸다면 일상의 군사화는 복종심을 형성시키며 일상의 신분화는 참여동기를 부여한다.

표 10.4 일상 관련 체제작동기제의 내용

구 분	목 적	수 단	역 할
일상의 정치화	수령에 대한 숭배심 형성	사상생활 및 조직생활	동의유도
일상의 군사화	전시동원의 생활화	군사 및 군수조직 운영	복종심 형성
일상의 신분화	사회적 신분제도의 강화	시공간 배분	동기부여

논문평가 사례 3: 북한주민 거짓자기

선행연구를 보면, 김일성 부자의 동상참배나 정치행사장에서 찾아볼 수 있는 북한주민의 발언과 행동을 근거로 북한사회에 거짓자기만이 존재한다고 주장하고 있다. 가까운 실례로 북한이탈주민들이 독재사회에서 자유민주주의 사회로 전거하였지만, 재북 시 형성된 거짓자기 때문에 한국사회 적응에서 많은 어려움을 겪고 있다는 것이다. 이를 지각해야만 성공적으로 정착할 수 있고 치료를 위한 상담센터 운영을 제시하기도 한다. 이와 상반되게 일각에서는 방북자들의 증언과 북한이탈주민에 대한 연구를 근거로 이들 대부분이 직설적이고 순수하며 거짓이 적다고 주장하고 있다. 무엇이 사실일까? 상호 주장의 한계는 무엇인가?

병을 앓아본 사람이 환자의 심정을 더 잘 안다고 거짓에 능한 사람은 거짓에 넘어가는 경우가 드물다. 북한이탈주민 대부분이 사기를 당한 사례를 가지는데 이는 순진한 측면이 많다는 것을 보여준다. 이러한 이유 때문인지 한국사회에 적응하려면 세 번의 사기를 당해야 한다는 장기정착자들의 조언도 있다.

논의를 좀 더 깊게 하면, 다음의 문제점이 제기된다. 외부의 시선이 인식되는 영역, 즉 공적영역에서 비춰지는 북한주민들의 행동일면을 갖고 사적영역에서도 같을 것이라고 결론지을 수 없다.

인간은 이성을 가진 존재이다. 양심이라는 것이 잘못이나 과오를 반성이나 성찰 등을 통해 시정해 나가도록 한다. 신앙생활에서 회개나 고해를 강조하는 것은 인간이 갖고 있는 양심에 호소함으로써 인간 본연의 것으로 회귀하도록 기대하는 것이라 볼 수 있다. 이는 여러 차례 반복되는 거짓현상이라도 습관으로 이어지질 않는다는 것을 의미한다. 인간은 강압적인 환경에 지속적으로 놓여 있다면 자율적인 환경에 처해있을 때보다 거짓을 구사할 확률이 높다. 적응력이 강한 인간적 특성이라고도 할 수 있는데 인간의 삶과 동반한 거짓행태를 구분해 볼 필요가 있다. 거짓에는 진실이 아닌 모든 언행을 포함하는 광의의 개념과 피해를 줄 목적만을 의미하는 협의의 개념이 있다. 북한주민들 속에서 표출되는 거짓이 피해를 줄 것을 목적으로 하고 있는가에 대한 의문도 제기된다. 거짓의 고질성 여부도 판단해 볼 필요가 있다. 비고질적 성격의 거짓은 습관적으로 이어지지 않는 경우가 많기 때문이다. 이러한 의문을 해소하기 위해서는 북한주민이 갖고 있는 거짓자기의 표현행태와 영향요인을 고찰해야 한다.

논문평가 사례 4: 북한사회의 생활총화제도

북한사회에서 전 주민을 대상으로 시행되고 있는 생활총화제도에 대한 선행연구의 평가는 어떨까? 상호감시와 정기적인 자백실행, 주민결속을 위한 의례수단이라고 결론짓고 있다. 이러한 논의를 통해서는 다음의 질문에 답변하기 어렵다.

당국이 전 국민을 대상으로 한 오늘까지의 근 40년간의 생활총화제도 운영을 통해 어떠한 인간계발을 추구하는지, 북한의 생활총화가 기독교인들이 성경을 잣대로 진리를 평가하듯, "당의 유일사상체계 확립의 10대 원칙" 근거해 진행하는 이유가 무엇인지, 왜 자기비판과 함께 상호비판을 동시에 요구하고 있는지에 관한 것이다.

이와 관련해 조해리창(Joharl's Windows)을 생활총화 제도의 운영과 연계시켜 살펴볼 필요가 있다. 조해리창은 미국의 심리학자인 조셉 루프트(Joseph Luft)와 해리 잉햄(Harry Ingham)에 의해 개발된 것으로 집단역학관계를 조사하는 과정에 발견되었다. 타인과의 커뮤니케이션 관계를 분석하는 모형이다. 커뮤니케이션은 서로가 갖고 있는 생각과 의견을 전달하는 과정을 통해 형성되는데 인간관계에서는 소통이 이루지지 않는 경우가 많다. 인간은 주객관적으로 얻게 되는 대방에 대한 정보 중에서 자기에게 유리한 정보만을 선별하여 받아들이려는 속성이 강하며 친구인 경우에도 평소 긴밀하고 많은 접촉을 통해 본인에 대해 잘 알고 있어도 적절한 조언을 주길 부담스러워 한다. 그러므로 평시에 대방에 대한 자신의 의견, 감정, 욕구 등을 적극적으로 표현함으로써 친구나 개인, 집단이 오해하지 않도록 해야 한다.

조해리창은 열린 자아의 확대를 통해 사람들 사이의 커뮤니케이션을 강화해 나감으로써 인간계발을 추구하고 있다. 이에 따르면 사람이 개인 혹은 집단에 표출하는 감정은 남에게 인식되는 정도와 피드백의 수용 정도에 따라 네 가지 영역으로 구분한다. 즉 열린 자아와 눈먼 자아, 숨겨진 자아와 미지의 자아이다. 열린 자아는 자신은 물론 남도 아는 영역, 눈먼 자아는 자신은 모르나 남이 알고 있는 영역을 말한다. 숨겨진 자아는 본인이 알고 있음에도 드러내지 않음으로써 남이 모르고 지내는 영역이며 미지의 자아는 자신뿐 아니라 남도 다 같이 모르는 영역이다.

표 10.5 조해리창의 의미

<table>
<tr><th colspan="2" rowspan="2">구분</th><th colspan="2">본인</th></tr>
<tr><th>알고 있는 것</th><th>모르고 있는 것</th></tr>
<tr><td rowspan="2">타인</td><td>알고 있는 것</td><td>열린 자아
(나와 남이 모두 아는 것)</td><td>눈먼 자아
(나는 모르는데 남은 아는 것)</td></tr>
<tr><td>모르고 있는 것</td><td>숨겨진 자아
(나는 알고 남은 모르는 것)</td><td>미지의 자아
(서로가 모르는 것)</td></tr>
</table>

조해리창은 열린 자아와 눈먼 자아, 숨겨진 자아의 확대를 통해 미지의 자아를 축소시켜 커뮤니케이션 능력을 강화하는 것을 목적으로 한다. 조해리창에서 강조하는 것은 숨겨진 자아이다. 상대방의 단점이 아닌, 장점을 살펴보려고 그것을 계발시켜주는 것이 의사소통의 열쇠이기 때문이다. 조해리창은 개인이 타인 혹은 집단과의 소통능력을 강화하려 할 때, 개인이 타인 혹은 집단에게 자기의 존재를 객관적으로 보여주고 싶을 때, 개인이 타인 혹은 집단과의 관계에서 차지하는 위치를 살펴볼 때 사용이 가능하다.

그렇다면 북한의 생활총화제도는 왜 자기비판과 함께 호상비판이라는 형식하에 운영될까?

북한은 자기비판을 하는 데 있어 누구나 다 아는 사실이 아닌, 남이 모르는 사실, 알려지지 않은 사실을 숨김없이 털어놓고 비판할 것을 요구한다. 또한 다른 사람의 결함을 충고하는 것, 즉 호상비판은 다른 사람을 진심으로 도와주는 마음에서 출발함으로써 자신이 모르는 결함을 반성할 수 있게 해야 한다고 요구한다. 이러한 점에서 북한사회의 생활총화는 자기비판과 호상비판이라는 구체적 수단을 통해 열린 자아의 확대를 요구하고 있는데 이는 조해리창과 유사한 효과를 노리고 있다고 볼 수 있다. 다만, 그 수단에서 자율적이냐 강압적이냐 하는 근본적인 차이가 있다.

표 10.6 조해리창에서 본 생활총화 의미

구분		본인	
		알고 있는 것	**모르고 있는 것**
타인	알고 있는 것	생활총화 대상 아님	호상비판
	모르고 있는 것	자기비판	생활총화 대상 아님

사람의 피형으로 네 가지가 알려져 있으나 북한에는 이러한 피형 외에 당국이 원하는 또 다른 피형이 있다. 그것은 A형이나 O형 등의 혈액형이 아닌, 주체형을 말한다. 당국은 이러한 피를 가져야만 주체형의 공산주의 혁명가, 김일성주의자로 될 수 있다는 것이다. 북한의 생활총화제도는 당국의 요구하는 주체형의 피

를 가진 인간상을 만들기 위한, 즉 강압적인 인간계발 차원에서 출발하였다. 따라서 생활총화제도가 지속적으로 운영될수록 눈먼 자아와 숨겨진 자아가 형식화되어 축소될 수 있는 문제점을 갖고 있다.

논문평가 사례 5: 북한사회 운명개척 3대 요인

북한체제에서 승진이나 명문대 입학, 졸업 후 좋은 공장과 기업소로의 배치는 어떻게 이루어질까? 이는 관습적으로 통용되는 사회적 신분에 의해 이루어진다.

주민들의 사회적 신분은 기본적으로 세 가지 요인에 의해 속박되어 있다(김병욱 · 김영희, 2013: 1~50). 즉 북한표현으로 계급적 토대라고 하는 토대와 성분 그리고 행동과 관련된 행위이다(그림 10.5). 위의 요인들은 북한사회에서 주민들의 운명개척에 결정적 영향을 주고 있어 '운명개척의 3대 요인'이라 할 수 있다. 상위 순으로 보면 토대요인 다음이 성분요인이며 마지막이

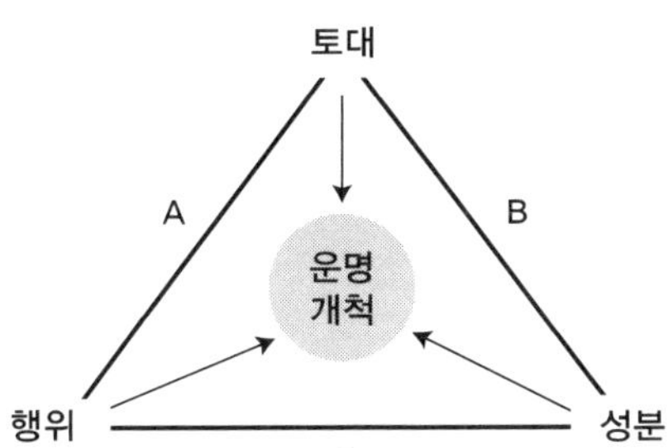

그림 10.5 운명개척 3대요인

행위요인이다. 성분요인의 구성요소인 출신성분 요인과 사회성분 요인은 일련의 차이를 가지고 있다. 출신성분 요인은 나쁜 성분의 소유자들이 당국에 충실하여도 '좋은 성분'으로 될 수 없게 하지만 사회성분 요인은 성분을 바꿀 수 있게 한다.

운명개척 3대 요인 중 행위요인은 정권에 대한 태도를 나타내는 것인데 본인의 사회성분 개척에 영향을 준다. 운명개척 3대 요인의 영향력은 사회적 신분과의 관계에서 찾아볼 수 있다. 토대요인과 성분요인은 정치적 및 경제적 신분을 획득할 수 있는 기회를 부여하며 행위요인은 대부분 경제적 신분을 획득할 수 있는 기회로 이용된다. 토대요인과 출신성분 요인은 사회적 신분의 획득에 선천적 요인으로 작용하지만 사회성분 요인과 행위요인은 후천적 요인으로 작용한다.

표 10.7 토대요인 · 성분요인 · 행위요인 사이 관계

구분		다른 요인과의 관계	운명 개척과의 관계
토대		성분과 행위요인 규제	불변
성분	출신	행위요인 규제	불변
	사회		반 불변
행동		사회성분 요인 규제	반 불변

논문평가 사례 6: 북한군 의식변화의 실체

2003년 종합시장이 공식적으로 운영됨과 함께 북한주민들 속에서는 배금주의적 경향이 높아지면서 정치생활에 대한 무관심이 높아지고 있다. 이에 따른 주민들의 의식변화는 군인들의 의식에도 영향을 미칠 것이다. 그래서인지 북한군인들의 의식 또한 변하였다는 연구결과가 나오는가 하면 이와 상반되게 군인들의 의식수준이 여전히 높다는 탈북군인들의 응답도 찾을 수 있다. 통일연구원이 탈북군인 200명을 대상으로 한 설문조사를 보면, 북한군의 사상무장이 남한보다 월등하다는 응답이 70.5 %, 전쟁에서 이길 수 있다고 생각한다는 응답이 67.5 %를 차지하고 있다.

왜 이러한 상반되는 주장이 제기된 것인가? 결론부터 말하자면, 과거에 비해 군인들의 의식수준이 낮아진 것을 계급의식(주적의식)이 변화되었다고 결론지었기 때문이다(김병욱 · 김영희, 2013).

이러한 주제의 연구를 위해 적어도 세 가지 논의를 거쳐야 한다. 우선 민간인 집단의 의식변화와 군 집단의 의식변화가 무엇이 다른가를 구분해야 한다. 민간인 집단과 달리 군 집단은 주적의식, 북한의 표현에 따르면 계급의식이 논의되어야 한다. 다음으로 탈영의 성격을 구분해야 한다. 탈영자의 숫자가 과거에 비해 많아졌다고 해도 이것이 계급의식(주적의식)의 변질에 의한 것이라면 의식변화로 볼 수 있지만, 배고픔에 따른 것이라면 의식수준의 약화라 할 수 있다. 의식이 변화된 것과 의식수준이 과거에 비해 낮아진 것은 분명히 다른 의미다.

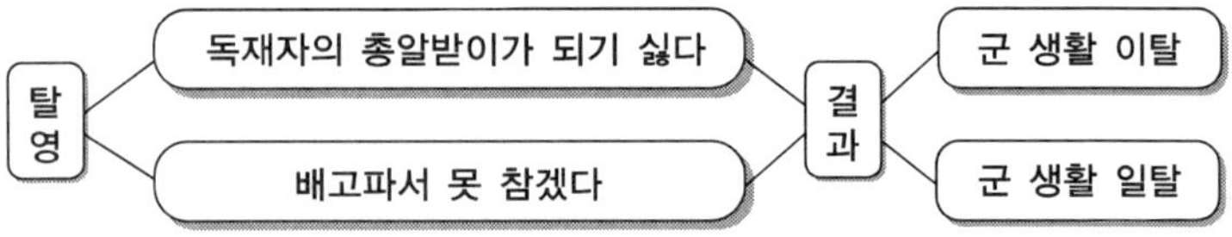

그림 10.6 탈영의 원인

끝으로 의식변화를 논의하기 전에 과연 의식의 변화로 볼 수 있는지, 인식의 변화가 아닌지에 대한 검토가 필요하다.

먼저 민간인 집단이 아닌, 군 집단의 의식변화를 살펴보려면 군 집단의 의식변화 핵심이 무엇인가 하는 것부터 파악해야 한다. 그것은 국토건설이 주된 과제인 민간인 집단에 비해 군 집단은 체제수호가 기본인 것으로 하여 의식변화의 핵심이 다르기 때문이다. 다시 말해 군 집단의 의식변화의 핵심이 주적개념에 해당하는 계급의식이라면 민간인 집단은 혁명의식이기 때문이다. 다음 문제는 이 책의 앞부분에서 설명한 것처럼 북한군에서 많이 발생하는 탈영의 성격이다. 이것이 전쟁공포증에 따른 체제수호 정신의 약화라면 의식변화로 볼 수 있지만, 배고픔에 따른 것이라면 의식 수준이 약화된 것에 따른 결과라 할 수 있다. 다시 말해 전자는 군 생활에 대한 이탈에, 후자는 일탈에 가깝다고 볼 수 있다. '이탈'은 어떤 시공간적인 유형적인 범주에서 빠져나온 것을 의미한다. 이에 반해 '일탈'은 사회규범에서 일탈하였다고 말하는 것처럼 가치관이나 언행 등 기존의 질서에서 벗어난 것을 가리킨다. 북한군인들의 군 생활 이탈(탈영)은 자본주의 체제에 대한 동경에서 출발하는 경우가 있으나 현재는 대부분 먹거리 부족을 비롯해 물질생활의 어려움과 연계되어 있다.

마지막으로 의식이 변화되었다는 것과 의식수준이 낮아졌다는 것의 차이를 고려해야 한다. 인식(認識)이 사물이나 현상의 특성을 알아내는 기능과 관련된 개념이라면, 의식(意識)은 의지, 의욕 등의 표현과 같이 이를 행동에 옮길 수 있는 가치관 판단에 가까운 개념이다. 의식은 인식과 달리 사회적、역사적으로 형성된 것에 대한 개인적 차원 혹은 집단적 차원의 정신적 및 관념적 현상의 총체 또는 이러저러한 관념과 사상을 의미한다. 의식과 인식에 대한 이해와 함께 인지란 무엇인가에 대해서도 알아야 한다. 인지를 못하고 있는 상태(무인지 상태)의 대표적 사례로 치매 현상을 들 수 있으며 무인식의 사례로는 전자카드로 인식시켜 출입이 가능하도록 한 무인식 출입시스템을 들 수 있다. 또한 무의식 상태에서 일어나는 행위의 사례로 자극에 대한 무조건 반사를 들 수 있다. 인간의 정신세계와 관련된 인지와 인식, 의식의 이러한 차이를 요약하면 다음과 같다(김병욱 · 김영희, 2013).

표 10.8 인지, 인식, 의식의 차이

구분	인지	인식	의식
사전 정의	어떤 사실을 분명하게 인정하여 앎	사물을 분별하고 판단하여 앎	사회적 · 역사적으로 형성된 감정, 견해, 사상
사고 차이	두뇌의 수동적 작용	두뇌의 능동적 작용 주관적 가치관 중심	두뇌의 능동적 작용 객관적 가치관 중심
표현	무인지 (치매현상)	무인식 (무인식출입시스템)	무의식 (무조건 반사)
	상황을 인지하다	인식이 변화되었다 (높다/부족하다/바뀌다)	의식이 변화되었다 의식수준이(높다/낮다)
사례	자극을 인지하다	컴퓨터가 인식하다	통일의식조사, 인권의식

위의 표에서 보는 것과 같이 의식변화라면 양적측면의 변화인지 질적측면인지에 대한 구분이 필요하다. 양적측면에서의 변화라면 그것은 의식수준의 약화라고 보아야 할 것이다.

이러한 분석과정을 거치게 되면 탈영자 숫자 증가를 근거로 북한군의 의식이 변화되었다는 주장은 의식수준이 낮아진 것에 대한 착시현상이라는 것을 알 수 있다.

위의 연구결과는 무엇을 말해주는가? 일부 연구자들이 미리 답을 가지고 이에 맞는 결과를 유도해 내기 위한 식으로 연구에 접근하고 있다는 것이다. 의식변화라면 분야별로는 자본주의 의식이나 종교의식, 대상별로는 민간인 집단의 의식변화나 군집단의 의식변화 등을 들 수 있다. 현재까지 나온 이 분야 연구의 일반적 흐름을 보면, 의식수준의 변화라고 볼 수 있는 행태를 지적하고 그 때문에 의식이 변화되고 있으며 앞으로 북한체제는 어떻게 변할 것이라고 전망하는 식이다. 북한주민들의 의식이 변화된 만큼 군인들의 의식도 변화되었을 것이라는 판단이 아닌, 사실이라는 가정하에 연구에 임하였다고 볼 수 있다.

비교평가 능력을 가지려면, 제너럴리스트가 되어야

논문심사에는 대학원 내 전공분야 교수들뿐 아니라 해당 분야 전문가들도 심사위원으로 참여한다. 필자는 논문심사를 받는 과정에 타 전공분야임에도 해당 논문의 허점을 잘 집어내는 교수들을 접하곤 했다. 타 분야전공자이니 논문의 일반적 구성이나 문장서술과 관련해 지적할 것이고 쉽게 넘어갈 것이라는 나의 예측이 완전히 빗나간 경우가 적지 않다. 왜 그런가?

필자 주변의 연구자들을 보면, 북한 정치나 이주민 정착과 같은 한 가지 분야에만 전념하는 연구자들이 적지 않다. 이들은 전공분야에 대한 연구주제가 주어지면 수준 높은 연구논문을 내놓을 줄 아는 반면, 타 분야와 연계한 융합적인 연구활동은 어려워한다.

북한연구와 같이 특정지역이나 분야에 대한 연구자일수록 제너럴리스트 한 능력이 있어야 한다. 위에서 언급한 논문심사자들의 사례에서 알 수 있듯이 특정부분에 대한 연구능력을 갖고 있는 것이 만사가 아니다. 타 전공이어서 어설픈 데가 있더라도 전반부분에 대한 연구능력을 겸비한 연구자가 훨씬 경쟁력이 있다.

북한연구는 다른 분야와 달리 자료수집이 어렵고 수집한 자료에 대한 신뢰도가 낮은 만큼 전반에 대해 연구능력이 있어야 한다. 이러한 연구능력을 가진 연구자들은 북한연구에서 허브로서의 역할을 수행할 수 있다. 북한연구에서 일선 연구자는 많으나 허브의 역할을 하는 연구자는 찾아보기 어렵다. 이러한 연구자는 일선 연구자들을 연결하여 종합적인 연구가 이루어지게 하는데 이를 위해서는 제너럴리스트의 능력이 있어야 한다.

비교연구를 주제로 한다면, 이러한 점에 관심을 두어야

질적연구 가운데에서 남북한 비교연구와 관련된 주제가 적지 않다. 남북한 주민의 일상이나 교과서 연구를 비롯해 동서독과 남북한 통일문제, 통일을 대비한 정치, 경제, 보건 등 상이한 부분의 사회통합을 주제로 한 연구 등을 들 수 있다. 이러한 류의 연구에서는 이러한 점에 주의를 돌려야 한다.

첫째, 어떠한 유형의 주제든 상호 비교할 수 있는 분석수준과 단위가 같은가에 관심을 두어야 한다. 여기서 분석수준은 공간적인 척도에 의해 해당사안을 나타낼 수 있는 위치를, 분석단위는 설명되는 구체적인 현상, 또는 사례를 말한다. 예컨대 강변산책로를 달리고 있는 여성이 있다고 하자. 이 경우 연구주제에 따라 시야가 다르다. 운동방향이나 속도변화에 관한 연구라면 몇 km 떨어진 곳에서도 가능하다. 그러나 운동근육의 변화에 관한 연구라면 가능한 가까이 접근하여 팔 및 다리, 몸통근육의 움직임을 살펴보아야 한다. 전자의 분석수준이 거시적 차원의 것이라면,

후자는 미시적 차원의 것이라 할 수 있다. 이때 여성의 운동속도나 몸통근육의 변화 등 구체적 대상은 분석단위가 된다.

둘째, 연구도구가 신뢰할 수 있는 것인지와 타당한 것인지를 검증해야 한다.

신뢰도가 연구에 사용된 설문지를 비롯해 정확한 측정도구를 사용하였는지를 나타낸다면, 타당도는 어떤 방식으로 측정하였는지를 나타내는 것으로 연구자가 제대로 측정하였는가를 검토해 볼 수 있다. 선행연구들에 나와 있는 검증된 검사문항을 사용하는 것이 좋으며 그렇지 않은 경우, 사전검사를 엄격히 한 다음 조사에 임해야 한다. 예컨대 국내에 들어온 탈북대학생들의 정치의식을 연구하는 경우, 한국대학생들의 정치의식과 관련된 설문조사도구를 그대로 적용하면 탈북대학생들의 특성을 반영하지 못하여 유의미한 결과를 얻기 어렵다.

균형된 시각을 가지려면, 수평적 및 수직적 사고를 결합해야

다른 모든 연구도 그러하지만, 북한연구에서도 숲과 나무를 연계시켜 보는 습관이 중요하다. 통독 전 서독의 정보기관을 비롯해 많은 학자, 전문가들이 동독체제에 대해 체계적으로 연구해왔고 이로 인해 동독 지도층의 행보, 주민들의 일상에 이르기까지 자세한 정보를 갖고 있었다. 이는 남한의 북한연구자들과 달리, 통독 전 서독의 학자들은 언제든 동독을 방문할 수 있었고

서독여행자, 서독탈출자들을 대상으로 많은 정보를 확보할 수 있었기 때문이다. 그러나 1989년 11월 9일에 베를린 장벽이 무너지는 것은 물론 장벽의 붕괴 후 동독의 공산체제가 6개월도 안되어 몰락할 것을 전망하지 못하였다. 이러한 이유는 무엇인가? 서독의 동독 관련 정보기관과 연구자들이 나무와 숲을 연계시켜 살펴보지 못한 것으로 설명할 수 있을 것이다.

이를 극복하기 위해서는 북한연구에서 수평적 사고와 수직적 사고를 결합하는 것이 중요하다. 수평적 사고가 논제를 넓게 전체적으로 파악하는 것이라면, 수직적 사고는 특정부분만을 깊이 분석하는 것이다(나시무라 가츠미 지음, 김창남 옮김, 2008: 42). 예컨대 북한에서 지역자립체제를 연구함에 있어 북한의 논거에 따른 지역의 경제적 자립에 대해서만 서술하는 경우로, 수직적 사고에 빠졌다고 할 수 있다. 북한이 경제건설과 국방력강화의 병진을 내세우지만, 국방력을 우선시 하는 것처럼 지역의 군사적 자립을 떼어놓고 생각할 수 없다. 그래야 선군정치를 실행하는 북한의 실정에 맞는 연구결과를 얻어낼 수 있다. 이러한 결과는 수평적 사고를 동반하는 경우에 나올 수 있다.

초보연구자들일수록 수직적 사고일면에 빠지는 경향이 강하다. 북한적 현상을 고찰하는 데서 북한출신 연구자들은 재북 시 피부로 경험한 것이 있어 수직적 사고가 하나의 장점으로 될 수 있으나 수평적 사고에 미약하다. 이를 해소하기 위해서는 수평적 및 수직적 사고를 잘 결합하는 것이 중요하다. 수평적 사고를 통해 영향력에 따른 우선순위를 정하고 이어서 수직적 사고를 통해 해당 문제에 깊게 접근하는 습관을 키워야 한다.

이와 함께 대륙적 특성에 따른 일면적 사고의 한계를 극복하기 위해 노력해야 한다. 이는 사물현상에 대한 사고에서 동서양인들의 차이를 통해 설명할 수 있다. 동양인들은 사건발생이 개인적 힘보다는 '외부환경'에 더 많은 영향을 받고 있다고 믿는 반면, 서양인들은 동양보다 훨씬 더 개인적이고 독립적인 사회환경에서 살아온 것으로 하여 환경보다는 '사물자체의 특성'에 더 많은 주의를 기울인다(리처드 니스벳 지음, 최인철 옮김, 2004: 82). 연구자는 어느 한쪽에 편중될 수 있는 사고를 극복하기 위해 노력해야 한다.

요인분석을 잘 하려면, 관계규명과 기준설정이 필요하다

논문작성은 필자의 주장에 긍정적 혹은 부정적 영향을 주는 요인에 대한 고찰을 통해 이루어진다. 이 경우 아래의 세 단계 공정을 거친다.

그림 10.7 영향요인 분석

영향요인을 찾았다면 유사한 특성이나 공통적인 특징을 가진 것끼리 묶어야 하며 요인들 사이에 작용하는 위계적 혹은 순환관계를 밝혀야 한다. 대체로 영향요인을 찾아내고 나열하는 것으로 끝나는 경우가 많다. 이 경우 독자들은 "그래서 어쨌다는 것인가?"하고 반문하게 된다. 따라서 영향요인들의 작용효과에 대한 분석에도 관심을 두어야 한다.

그렇다면 문제의 발생이나 해결에 미치는 영향요인의 작용효과를 어떻게 평가할 수 있을까? 정성 및 정량평가의 두 가지 방법을 생각해 볼 수 있다. 전자는 영향요인의 작용효과를 공리(公理)를 기준으로 평가하는 것이고 후자는 측정이 가능하도록 수치화하는 것이다. 전자가 논리학에서 말하는 사회적으로 통용되는 진리나 도리 등에 대한 증명 없이도 독자들이 인정할 수 있는 것이라면, 후자는 직접적인 검증을 통해 신뢰할 수 있는 것이다.

논문을 이해하기 쉽게 쓰려면, 이것만은 알아두자

논문은 독자들이 이해하기 쉽게 써야 한다. 입국 후 대학원 과정만을 이수한 북한출신 대학원생이라면 공통으로 겪는 어려움이 남한식으로 논문을 작성해야 하는 것이다. 다시 말해 문체를 남한식으로 표현해야 한다. 예컨대 북한에서는 각종 대중운동을 '벌린다'고 표현한다. 남한에서 이러한 표현은 '열다, 펴다, 넓히다' 등의 표현으로 쓰는 것에서 알 수 있듯이 일정한 두 지점 사이 간극의 변화를 표현할 때 사용한다. 남한에서는 "일을 계획하여 시작하거나 펼쳐놓다"는 뜻으로 쓰이는 "벌이다"라는 표현을 쓰고 있으므로 이에 맞게 교정하여야 한다.

북한출신 논문작성자들이 논문작성에서 이러한 오류를 범하지 않기 위해서는 인터넷의 "우리말 배움터"에 있는 한국어 맞춤법/문법검사기(http://urimal.cs.pusan.ac.kr/urimal_new)에 들어가 수시로 논문작성에서 제기되는 단어나 표현을 넣고 교정하는 것을 습관화해야 한다.

이와 함께 표현에도 주의를 돌려야 한다. 논문초보자들을 보면, 서술에서 확실성과 완전성을 드러내는 표현을 자주 쓰는데 유연한 표현으로 바꾸는 것이 좋다.

표 10.9 문장의 조사 및 동사표현 방식

구분	확실하거나 완전한 표현	불확실하거나 비완전한 표현
조사	누구나, 틀림없이, 분명히, 오로지, 아무것도	일부 경우, 가끔씩, 아마도 경우에 따라서는, 다소, 약간, 대개
동사	해야 한다, 하지 말아야 한다	할 수 있다, 하는 것이 바람직하다

이밖에도 독자들이 논문을 평이하게 읽을 수 있도록 문장서술에서 연결부 단어를 활용하는 것에 관심을 가져야 한다.

표 10.10 문장간 연결부 표현방식

연결부의 의미	표현
앞뒤문장 이어주는 표현	그런데 / 다음에 / 하는 동안에
인과관계 이어주는 표현	결과적으로 / 그 결과 / 그렇기 때문에
추가적 내용 표현	뿐만 아니라 / 게다가 / 더욱이 / 이와 함께
문장간 대조적인 표현	그러나 / 역으로 / 그럼에도 불구하고 / 하지만

능동적 및 수동적 논문작성이란?

논문작성자는 지도교수의 지도하에 논문을 완성한다. 지도교수들은 본교생뿐 아니라 타교생의 학위논문심사를 매 학기마다 진행해오고 있는 베테랑들이다. 따라서 학위논문의 진척도나 완성도는 논문작성자와 지도교수 사이의 커뮤니케이션 수준에 달려 있다고도 볼 수 있다.

커뮤니케이션은 논문작성자와 지도교수의 상호작용에 의해 이루어지는데 이를 근거로 능동적 논문작성 과정과 수동적 논문작성 과정으로 구분할 수 있다. 두 경우, 논문의 전개과정이나 심사 시 지도교수의 협조 등에서 일련의 차이가 있는데 핵심은 논문작성자의 논문주제가 지도교수의 전공과 연계되는가 하는 것이다. 논문작성자의 연구주제가 지도교수의 전공과 가까운 경우 수동적 논문작성 과정으로, 반대인 경우 능동적 논문작성 과정으로 진행되는 경우가 많다. 조교활동 등 기타 연유로 지도교수와 친분이 가까운 경우, 수동적 논문작성 과정이 적합한 경우도 있다.

표 10.11 능동적 및 수동적 논문작성 과정의 장단점

구분	장점	단점	비고
능동적 논문작성 과정	지도교수와 연계하에 진행, 불안정적	심사 시 혼자서 논증해야 하는 불리성, 통과율이 낮음	지도교수 전공 혹은 관심과 무관
수동적 논문작성 과정	지도교수의 통제하에 진행, 안정적	심사 시 지도교수의 적극적인 협조가능, 통과율이 높음	지도교수 전공 혹은 관심과 유사

필자의 경험에 따르면, 초보논문 작성자라도 어느 주제든 나중에는 백 여 쪽이 넘는 논문의 전반내용을 한 문장으로 표현할 수 있어야 한다. 이러한 능력은 논문이 완성되어 감에 따라 서서히 드러나는데 도중에 포기하게 되면 '그건 네 생각뿐이고'라는 충고를 듣게 되는 경우와 같이 영영 묻히게 된다.

북한적 현상에 대한 언론보도는 정부의 대북정책 기조에 직접적인 영향을 받는다. 그러나 북한문제를 주제로 한 학위논문이 지도교수나 심사자 전반의 대북관에 의해 논문통과 여부가 결정되는 경우를 찾아보기 어렵다. 그것은 학위논문이 학문적 구성체계에 따른 객관적인 논증을 요구하기 때문이다.

논문작성자 중에서 특히 능동적 논문작성을 지향한 경우, 자신의 생각이 지도교수와 맞지 않는다고 낙심할 것이 아니라 충분히 설득시키는 데 필요한 방법을 모색하여야 한다. 그래야만 논문이 초기의 의도대로 진척될 수 있도록 심사자들의 지지를 이끌어낼 수 있다.

논문작성은 그 과정이 수동적이든 능동적이든 남다른 연구결과가 나와야 한다. 논문지도과정에 진전이 없고 뻔한 결과에서 벗어나지 못하는 경우, 지도교수나 심사자들을 지치게 만들어 관심을 두지 않는 경우가 많다. 뭔가 재미있는 결과가 기대되는 경우 지도교수나 심사자는 호기심으로 인해 논문지도에 시간이 많이 들더라도 개의치 않는다는 점을 명심하자.

나의 지도교수는 어떤 논문지도 스타일인가?

학위논문 심사와 달리 작성과정은 지도교수의 지도를 받아가며 본인의 주장이 반영된 제3의 결과물을 도출해 내는 과정이다. 학위논문작성자는 자신의 논문작성과정이 능동적이든 수동적이든 지도교수의 스타일에 따른 전략을 구사하려는 노력이 있어야 한다. 이를 위해서는 지도교수의 논문지도 스타일을 파악하는 것이 중요하다.

필자의 경험에 따르면, 지도교수의 논문지도 스타일은 개방형과 보수형, 온건형과 신중형의 네 가지로 나누어 볼 수 있다. 이는 지도교수의 논문작성에 대한 견해와 핵심적 요구사항과 관계된다.

개방형 논문지도스타일은 논문작성에서 틀에 박힌 사고를 지양하며 지도학생의 창의적인 견해가 실현되는 것을 적극 내세운다. 부분적이지만, 주장을 펼칠 때는 강한 문체 구사와 직설적인 표현도 용인한다. 중견급 지도교수들에게서 찾아볼 수 있다. 이에 반해 보수형 논문지도스타일은 될 수 있으면 기존이론과 분석틀에서 이탈하는 것을 자제하므로 지도학생의 주장도 이러한 수준에서 완성될 것을 요구한다. 대부분 나이든 지도교수들에게서 찾아볼 수 있다. 온건형 논문지도스타일은 논문작성에서 간접적인 주장을 통한 화려한 문체구사를 좋아하는데 논문취득을 명예수단으로 이용하려는 논문작성자들에게 적합하다. 신중형 논문지도스타일은 보수형 논문지도스타일과 유사하나 기존틀에 얽매이는 것을 경계한다. 대신 논리적 근거뿐만 아니라 용어선정,

문맥과 오탈자와 같은 사소한 부분에 관심이 높다. 많은 품을 들여가며 학위논문 내용을 밑줄까지 쳐가며 봐주기 때문에 연구자의 길을 걷고 싶어하는 논문 초보자들에게 더 없이 좋은 지도교수라 할 수 있다.

표 10.12 논문지도 스타일

구분	논문작성에 대한 견해	지도학생에 대한 요구	전략
개방형	창의성 장려 (자유분방한 스타일)	틀에 박힌 사고는 배제 원하는 대로 써라	능동적인 논문작성
보수형	정형화 강조 (틀에 박힌 스타일)	이례적인 주장은 배제 기존이론이나 방법에 관심 두어라	수동적인 논문작성
온건형	간접적인 주장 선호 (차분한 스타일)	직접적인 주장은 배제 심사자들의 분위기를 잘 고려해라	관계없음
신중형	논리성 보장 강조 (꼼꼼한 스타일)	논리체계를 비약하는 것은 배제 논문작성에서 사소한 점에 신경쓰라	

논문심사자들이 원하는 것은 무엇인가?

대학마다 차이가 있지만, 석사학위 논문은 보통 3인(모두 대학원 내 교수)으로 구성된 심사위원들과 3차례, 박사학위 논문은 5인(3명은 대학원 내 교수, 2명은 외부교수)으로 구성된 심사위원들과 최고 5차례의 심사를 통해 통과여부가 결정된다. 학위 심사위원, 특히 외부 심사위원들은 그 분야의 관록 있는 전문가들로 꾸려진다. 이들은 심사과정에 수정사안을 제시하는데 이를 논문작성자가 어떻게 해결해 나가는지에 따라 논문의 통과여부가 결정된다.

토론이 서로의 관심사를 만족시켜 합의점을 도출해 나가는 과정이라면, 논문심사는 말 그대로 심사자 일방의 요구를 만족시키는 과정이라 할 수 있다. 심사초기부터 심사자 전원을 만족시키는 논문은 드물다. 논문심사에서 무수한 지적을 받는 것이 정상이라 할 수 있다. 따라서 논문심사에서 엄청 깨졌다고 낙심하거나 포기하여서는 안 된다. 일부 경우 다음 학기에 끝내자며 여러 해 미루기도 하는데 이러한 생각을 갖지 말자.

특이한 경우를 제외하고 다음 학기로 미룬다고 해서 훌륭한 논문이 나온다는 보장은 없다. 지도교수나 심사자들의 입장에서는 한 학기를 늦춰 좀 더 다듬어진 논문이 되길 바라겠지만, 심사받는 당신은 어떤가? 소수에 불과한 전문연구자의 길을 선택하지 않은 이상, 논문만 붙잡고 세월을 보낼 순 없지 않는가?

필자의 경험에 따르면, 심사자들은 논문심사과정에 여러 수정안을 제시하고 그것을 피심사자가 어떠한 식으로 극복해 나가는가를 지켜본다. 이러한 과정을 통해 피심사자의 연구능력을 타진하고 보다 완성된 논문이 나오도록 유도할 뿐이다. 그러므로 심사에서 지적된 사항을 100% 만족되게 수정해야만 통과할 수 있다는 생각은 버리자. 통과된 논문 역시 당시의 시점에서 나온 어쩔 수 없는 미완성된 결과물이기 때문이다.

심사에서 지적된 내용의 핵심을 찾아 이를 해결하는 데 주력하며 최선을 다하는 것이 지도교수나 심사자들이 바라는 모습임을 잊지 말자.

참고문헌

강정호. 『과학 글쓰기를 잘하려면: 기승전결을 버려라』. 서울: 주)도서출판 이음, 2007.

강상조 · 박재현 · 황규자. 『연구논문: 어떻게 작성할 것인가?』. 서울: 21세기교육사, 2008.

길영로. 『일을 재미있게 논리적으로 풀어내는 기술: 기획이란 무엇인가?』. 서울: 페가수스, 2008.

김기형. "정책연구에서 복잡성 이론의 유용성 및 적용가능성에 관한 연구," 『행정논총』. 제47권 2호(2009년 6월).

김기홍. 『논문작성 이렇게 하라』. 서울: 시대의 창, 2012.

김병욱. "복잡계에서 본 북한의 급변사태와 대응방향: 급변사태 초기 사회경제적 문제를 중심으로," 『2014년 신진연구논문집』. 서울: 통일부, 2014.

_____. "북한이탈주민에 의한 북한이탈주민상담 연구," 『사회과학연구』. 제19집 1호(2011).

_____. 『현대전과 북한의 지역방위』. 서울: 선인출판, 2011.

김병욱 · 김영희. "외부사조유입에 따른 북한군 의식변화 실체," 『통일정책연구』. 제22권 2호(2013).

김병욱 외. 『탈북박사부부가 본 북한: 딜레마와 몸부림』. 서울: 매봉출판, 2013.

_____. 『탈북청소년과 일반학생의 또래친구관계 연구: 근거이론적 접근을 중심으로』. 서울: 도서출판 늘품플러스, 2013.

김종하. 『대학생 길라잡이-리포트 논문쓰기편: know-why』. 서울: 도서출판 아침이슬, 2001.

김영희. 『푸코와 북한사회 신체왜소의 정치경제학』. 서울: 인간사랑, 2013.

_____. "일상의 정치화, 군사화, 신분화를 통해본 북한주민 일상," 『2010년 신진연구논문집』. 서울: 통일부, 2010.

_____. "최근 북한의 현금거래현황과 여유자금 조성," 『산업은행보고서』, 2008.

김영희 · 김병욱, "푸코의 몸권력과 북한사회 신체왜소 적용가능성," 『사회과학연구』 제21집. 2013.

김천희. 『교육연구와 논문작성법』. 서울: 21세기사, 2004.

노동형. 『삼성기획서의 비밀』. 서울: 도서출판 청년정신, 2011.

니시무라 가츠미 지음, 김창남 옮김. 『마음을 사로잡은 글쓰기, 사람을 움직이는 말하기』. 서울: 리더스북, 2008.

니시무라 가츠미 지음, 이종렬 옮김. 『바보들은 매일 회의만 한다』. 서울: 새문, 2006.

다카스키 히사타카 지음, 현창혁 옮김. 『맥킨지 문제해결의 이론』. 서울: 일빛, 2009.

도영태. 『기획서 다이어트』. 서울: 더난출판, 2011.

리처드 니스벳 지음, 최인철 옮김. 『동양과 서양, 세상을 바라보는 서로 다른 시선: 생각의 지도』. 서울: 김영사, 2004.

무라이 미즈에 지음, 박정애 옮김. 『그림으로 생각하면 모든 것이 정리된다』. 서울: (주)알에이치코리아, 2012.

미카엘 크로게루스 · 로만 채펠러 지음, 필립 언하트 일러스트, 이주만 옮김. 『복잡한 문제, 깔끔하게 정리하기』. 서울: 주)21세기북스, 2012.

오쿠무라 류이치 지음, 황선희 옮김. 『5만 가지 생각, 5가지 정리법』. 서울: 주)한언, 2011.

오쿠무라 류이치 지음, 김미선 옮김. 『생각을 명쾌하게 정리하는 기술 31』. 서울: 원앤원북스, 2008.

유정식. 『불확실한 미래의 생존전략: 시나리오 플래닝』. 서울: 지형, 2009.

원만희. 『학술적 글쓰기』. 서울: 성균관대학교 출판부, 2012.

안병진 · 김상익. 『기업의 지속성장을 위한 문제해결의 통합적 이해』. 서울: 한나래출판사, 2012.

이광형. 『3차원 창의력 개발법』. 서울: 비즈니스맵, 2012.

이동성 · 김영천. "질적연구방법으로서 근거이론의 철학적 배경과 방법론적 특성에 대한 고찰," 『열린교육연구』. 제20권 2호 (2012).

이호철. 『생각을 체계화하라: 맥킨지로지컬씽씽』. 서울: 비즈센, 2010.

죠셉 윌리엄스 · 그레고리 콜럼 지음, 윤영삼 옮김.『글쓰기의 새로운 전략; 논증의 탄생』. 서울: 홍문관, 2008.

정병기. 『사회과학 논문작성법』. 서울: 서울대학교 출판부, 2008.

정영석. 『처음 시작하는 기획서 작성법』. 서울: 도서출판해바라기, 2005.

탈북박사부부가 새롭게 쓴
논문작성법

지은이 • 김병욱 · 김영희
발행인 • 조승식
발행처 • (주) 도서출판 북스힐
등록 • 제22-457호
주소 • 142-877 서울시 강북구 한천로 153길 17
www.bookshill.com
E-mail • bookswin@unitel.co.kr
전화 • 02-994-0071
팩스 • 02-994-0073

2015년 7월 10일 1판 1쇄 인쇄
2015년 7월 15일 1판 1쇄 발행

값 15,000원

ISBN 978-89-5526-979-6